Y FFORDD, Y

CW00523308

Y FFORDD, Y

Y FFORDD, Y GWIRIONEDD A'R BYWYD

Gweinidogaeth Crist

gyda

Myfyrdodau, Cerddi,

Mapiau a Lluniau

MORLAIS DYFNALLT OWEN

CYHOEDDWYR
DINEFWR
PUBLISHERS

Hawlfraint © Morlais Dyfnallt Owen, 2009

Cyhoeddwyd gan
Cyhoeddwyr Dinefwr
Heol Rawlings, Llandybïe
Sir Gaerfyrddin, SA18 3YD

ISBN 978-1-904323-17-4

*Argraffwyd yng Nghymru gan
Wasg Dinefwr
Heol Rawlings, Llandybïe
Sir Gaerfyrddin, SA18 3YD*

CYDNABYDDIAETH

Gwnaethpwyd pob ymdrech i ddod o hyd i berchenogion yr hawlfreintiau,
ac os tramgwyddwyd neb, neu os trosoddwyd mewn unrhyw fodd,
yn anfwriadol y gwnaethpwyd hyn.

Cyflwynaf y gyfrol i'r holl

ysgolion ac eglwysi

y cefais y fraint o ymweld â hwy,

a'r anrhydedd o'u gwasanaethu.

Vor-Frue-Kirke, København
Eglwys Gadeiriol ('The Church of Our Lady'), Copenhagen,
lle ceir y cerfluniau gwych o Grist a'r deuddeg Apostol.
Gwaith Bertel Thorvaldsen.

CYNNWYS

Tud.

Cydnabyddiaeth viii

Rhagair ix

Rhestr o'r Mapiau x

Rhestr o'r Prif Luniau xi

Rhestr o'r Cerddi xii

Pennod 1   **Y Wlad** 1

Pennod 2   **Y Bobl** 9

Pennod 3   **Y Wladwriaeth** 23

Pennod 4   **Anifeiliaid, Adar a Phlanhigion y Beibl** 30

Pennod 5   **Y Geni** 56

Pennod 6   **Bachgendod Iesu** 64

Pennod 7   **Dechrau'r Weinidogaeth** 77

Pennod 8   **Bywyd Cymdeithasol** 91

Pennod 9   **Gwyrthiau** 97

Pennod 10   **Damhegion** 106

Pennod 11   **Cynnydd y Gwrthwynebwyr** 122

Pennod 12   **Cyhuddo Iesu** 128

Pennod 13   **Marwolaeth ac Atgyfodiad Iesu** 140

Pennod 14   **Mawredd Iesu Grist** 150

CYDNABYDDIAETH

Cyhoeddwyd y gyfrol hon yn gyntaf yn 1982 o dan y teitl: *Yr Antur Fwyaf*. Bryd hynny, bûm yn ddyledus i dri o gyfeillion mynwesol – y Prifathro W. T. Pennar Davies, y Parchedig Athro Maurice Loader, a'r Parchedig W. Rhys Nicholas. Bu'r tri mor barod i roi o'u hamser a'u cyngor parthed cynnwys y gyfrol hon.

Mewn yngynghoriad â nifer o athrawon profiadol oedd â chyfrifoldeb am Addysg Grefyddol mewn Ysgolion Cynradd ac Uwchradd, ac athrawon Ysgolion Sul, diwygiwyd y gyfrol ac fe'i cyhoeddwyd yr ail waith yn 1993. Mae'r argraffiad diweddaraf hwn, yn 2009, yn cynnwys Cerddi ychwanegol a Myfyrdodau.

Hoffwn gydnabod caredigrwydd yr awduron y lloffais o'u gwaith a chyhoeddwyr y gweithiau hynny ymhob achos, yn ogystal â'r lluniau:

> *Christopher Davies (Cyhoeddwyr): Cerdd Elfed.*
> *Gwasg Gomer: Cerddi D. Gwenallt Jones.*
> *Dafydd Evans (Gwasg Gee): Cerddi I. D. Hooson.*
> *Sion Eirian a Guto: Englyn eu tad, Eirian Davies.*
> *Barddas: Rhan o gerdd Y Ficer Pritchard.*
> *Richard E. Huws: Cerddi W. Rhys Nicholas.*
> *Alan Llwyd: Darn o Ryddiaith.*
> *Geraint, Menna a Siân Elfyn: Emyn eu tad, T. Elfyn Jones.*
> *Mererid Jones: Emyn ei thad, D. J. Thomas.*
> *Y gerdd 'Hwn': Huw Ethall*
> *Margaret Bird a Marian Vernon-Gill: Cerdd eu tad, D. Brinley Thomas.*
> *Stanley Thornes (Cyhoeddwyr) am y lluniau o'r cyfresi: 'The Four Paths'*
>   *a 'The Bible Story and its Backround'.*
> *National Christian Education Council (Publishing) am y lluniau o'r teitlau o'r gyfres*
>   *Getting to Know About: Farming and Fishing, Food, Learning and Playing,*
>   *Clothes, Houses and Homes.*
> *Cyfres Palestine Frieze: Occupations, Home Life.*
> *The Stanborough Press Cyf. am y llun ar ddiwedd y gyfrol.*
> *Swyddfa Bwrdd Twristiaeth Llywodraeth Israel, Llundain.*
> *Deon a Siapter Eglwys Gadeiriol Copenhagen.*

Yn olaf, ond nid yn lleiaf, diolchaf i Wasg Dinefwr am osod y gwaith mor raenus ac am y gofal mawr wrth gyhoeddi'r gyfrol.

Yn ddyledus iawn,

MORLAIS DYFNALLT OWEN

RHAGAIR

Prif nod y gyfrol hon yw rhoi sylw penodol i fywyd a gweinidogaeth y 'person mwyaf rhyfedd fu erioed'. Mewn gair, un unigryw! Cyfeirir ynddi at y cyfnod hanesyddol nodedig y ganwyd Iesu iddo. Manylir am y wlad a'i phobl, y sectau crefyddol a'r wladwriaeth; a darlunir bywyd Iesu yng nghyd-destun y rhain.

Yn naturiol, brithir y gyfrol gan athrawiaeth Iesu, ac, yn gysylltiedig â hon, cyflwynir neges a gyfeiria'r darllenydd at y grefydd sy'n ffordd, yn wirionedd a bywyd.

Hyderir y bydd yr hanesion, ynghyd â'r myfyrdodau yn sail i drafodaeth, ac yn gyfle i fynegi barn. A hynny yn ei dro yn arwain i fyfyrdod dyfnach ar bob lefel ymhlith plant, ieuenctid ac oedolion. Hynny yw, rhydd y cyfan gyfle i feddwl yn ddwys am rai o brofiadau pwysicaf bywyd, gan eu hystyried yn ofalus. Ac, fel canlyniad gobeithio, ymateb yn gadarnhaol iddynt. Yn anffodus, tueddir i ddibrisio profiadau o'r fath yn yr oes sydd ohoni.

Amcan arall y gyfrol yw bod yn gyfrwng i hybu datblygiad ysbrydol, moesol, meddyliol, diwylliannol a chymdeithasol plant ac ieuenctid. Rhydd gyfle, yn ogystal, nid yn unig i ddatblygu gwybodaeth o'r Ysgrythurau a Bywyd Iesu, ond i gael dealltwriaeth o'r dreftadaeth Gristnogol, yn grefyddol ac ysbrydol, trwy ymwybod ag agweddau fel Addoli, Credo, Ffordd o fyw, Perthynas pobl â'i gilydd, Gwyliau Crefyddol, Dathliadau, ynghyd â Phwysigrwydd y byd naturiol.

RHESTR O'R MAPIAU

Tud.

Pennod 1 **Palesteina a'r pedair llain o dir** 4

Tair Talaith Gwlad Palesteina 5

Pennod 3 **Palesteina yn Amser Iesu** 25

Pennod 7 **Palesteina yn Amser Iesu** 79

Pennod 12 **Y Noson Olaf yn Jerwsalem** 139

Pennod 13 **Jerwsalem** 142

RHESTR O'R PRIF LUNIAU

Tud.

Eglwys Gadeiriol ('The Church of Our Lady'), Copenhagen vi

Sectau Crefyddol; Casglwr Trethi 16

Ysgrifennydd 18

Seren Arian – Man Geni Crist 57

Wal o gwmpas yr hen Jerwsalem 66

Galwedigaethau 68

Maes y Bugeiliaid, Bethlehem 70

Afon Iorddonen – man bedyddio Iesu 80

Eglwys Gadeiriol Copenhagen 86

Cerflun o Grist 86

Chwech o Apostolion 87

Chwech o Apostolion 88

Jerwsalem drwy ffenestr Eglwys y Dominus Flevit 133

Croesau 141

Maen i gau'r bedd 144

Tynnwyd rhai o'r lluniau gan yr awdur yn ystod ei ymweliadau

Llun y clawr:
'Kommer Til Mig' ('Deuwch Ataf Fi').
Cerflun o Grist uwchben yr allor yn Eglwys Gadeiriol Copenhagen.
Gwaith y cerflunydd Bertel Thorvaldsen (1821-1827).
Ei rodd bersonol i'r Gadeirlan.

RHESTR O'R CERDDI

Pennod 5	**Ar Gyfeiliorn**	D. Gwenallt Jones
Pennod 5	**Y Doethion**	I. D. Hooson
Pennod 5	**Englyn Y Geni**	Eirian Davies
Pennod 5	**Y Crist (Rhyddiaith)**	Alan Llwyd
Pennod 5	**Salm y Nadolig**	W. Rhys Nicholas
Pennod 6	**Mab y Saer**	I. D. Hooson
Pennod 7	**Y Ffordd, Y Gwirionedd a'r Bywyd**	W. Rhys Nicholas
Pennod 10	**Salm o Foliant – I'r Gweddill**	W. Rhys Nicholas
Pennod 10	**Damhegion y Deyrnas**	Elfed
Pennod 10	**Neges y Felin Ddŵr**	Abiah Roderick
Pennod 11	**Emyn y Pasg**	David John Thomas
Pennod 11	**Yr Ebol Asyn**	I. D. Hooson
Pennod 13	**Y Bachgen Iesu**	I. D. Hooson
Pennod 13	**Oedfa Gymun**	T. Elfyn Jones
Pennod 13	**Salm y Gwanwyn**	Anhysbys
Pennod 14	**Y Pasg a'r Pentecost**	Anhysbys
Pennod 14	**Y Cymun Bendigaid**	D. Gwenallt Jones
Pennod 14	**Gweld a Chlywed**	D. Brinley Thomas
Pennod 14	**Hwn** (mewn ymateb i *Hon*, THPW)	Huw Ethall

Pennod 1

Y Wlad

Manteisiol yw rhoi disgrifiad o wlad Palesteina gan ganolbwyntio'n bennaf ar yr agweddau daearyddol. O ganlyniad cawn ddarlun clir o leoliad y dinasoedd a'r trefi y bu Iesu'n ymweld â hwy yn ystod ei fywyd ar y ddaear. Bydd gosod y lleoedd yn eu cefndir daearyddol yn cyfleu syniad da iawn o'r math o deithiau a gwblhaodd Iesu, yn ogystal â'u pellter.

Mae'r Beibl yn rhoi darlun da inni o wlad Palesteina a bywyd ei phobl. Cyfeirir yn aml at Jerwsalem, Môr Galilea a Nasareth a nifer o fannau arbennig eraill. Bydd yn fuddiol sylwi am ychydig ar fap o'r wlad ac argraffu ar ein meddyliau ei nodweddion arbennig. Rhydd hyn gymorth i ddeall pwrpas y Tair Talaith, a'u perthynas â'i gilydd. Cawn gyfle i weld pa mor arw oedd y ffordd o Jerwsalem i Jerico, a phaham y caed stormydd dirybudd ar Fôr Galilea.

Gwlad fach yw Palesteina, tua'r un maint â Chymru. Dywedir gan lawer o bobl a fu yn y wlad honno, fod cerdded drwyddi yn eu hatgoffa o rai o bentrefi Cymru yn llechu yng ngheseiliau y mynyddoedd.

Mae'r map yn ein cynorthwyo i weld sut wlad yw Palesteina, a ble mae hi. Mae'n gorwedd rhwng y môr a'r anialwch. Yn amser Iesu rhannwyd hi yn dair talaith – Galilea yn y Gogledd, Jwdea yn y De, a Samaria yn gorwedd rhwng y ddwy. Yr oedd llwybrau lawer yn arwain drwy'r taleithiau hyn, un ohonynt yn arwain o Jerwsalem yn Jwdea i Nasareth yng Ngalilea. Yn ddaearyddol gwelwn fod Palesteina wedi ei rhannu yn bedair llain hir o dir, yn rhedeg o'r Gogledd i'r De.

Ar ochr ddwyreiniol Môr y Canoldir mae'r llain gyntaf o dir, darn hir o dir gwastad. Sylwch yn fanwl ar y map a gwelwch nad yw'n gyson o ran llêd. Yn y gogledd mae'n gul. Yn wir gyferbyn â Mynydd Carmel nid yw ond rhyw ddau gan llath yn unig. Tua'r de mae oddeutu ugain milltir o led. Ar hyd y gwastadeddau hyn bu masnachwyr a choncwerwyr lawer yn teithio.

Yn rhan ddeheuol y gwastadedd trigai'r Philistiaid ac adeiladwyd pump o gaerau i warchod eu gwlad rhag yr Israeliaid. Y ddwy gaer fwyaf nodedig ac amlwg yn storïau'r Beibl yw Gasa, ar y ffordd fawr o'r Aifft i Balesteina, a Gath. Caer Gath oedd cartref Goliath, cyn i Ddafydd y bugail ifanc ei ladd â charreg. Ychydig iawn o bentrefi a godwyd ar y gwastadeddau hyn, ac, o'r herwydd, ychydig iawn o bobl oedd yn byw yno. Bugeiliaid oedd yno fwyaf yn gwylio'u preiddiau.

Ar yr arfordir yr oedd porthladd Jopa. Cofiwn mai yno y cododd Pedr y ferch Tabitha o farw. I'r gogledd o Jopa mae'r gwastadedd yn parhau, a gelwir y rhan yma o'r tir yn Wastadedd Saron. Yn y rhan hon o'r wlad yr oedd tref Rufeinig gynt. Ar begwn gogleddol y gwastadedd mae Mynydd Carmel, a chofiwn mai yma y cyfarfu Elias y proffwyd â phedwar cant a hanner o broffwydi Baal, i weld ai Baal neu'r Arglwydd oedd y gwir Dduw.

Ochr yn ochr â'r gwastadedd cyntaf yma rhed llain arall o dir yn cynnwys bryniau a mynyddoedd. Mae'r rhain fel asgwrn cefn i'r wlad, ond torrir ar eu traws yma ac acw gan gwm a gwastadedd. Rhed yr ucheldiroedd hyn drwy'r dair talaith. Man canolog yn nhalaith Galilea oedd Môr Galilea, neu Fôr Tiberias fel y gelwid ef weithiau. Mae hwn ar gwrs Afon Iorddonen sy'n rhedeg i lawr bob cam i ochr ddwyreiniol y mwyafrif o'r pentrefi y sonnir amdanynt yn y Testament Newydd. Saif nifer ohonynt ymhlith y bryniau sy'n llunio'r ail lain o dir ac yn rhedeg o'r de i'r gogledd. Gwelwn fod gwastadedd yn rhannu Galilea a Samaria. Er bod ambell winllan i'w gweld yn agos i Fethlehem, gan amlaf tir caregog, diffrwyth yw'r cyfan, ond mewn ambell fan llwyddai dynion i dyfu cnydau drwy godi'r pridd mewn grisiau. I'r deau mae'r tir yn gostwng yn araf hyd at y Shepelah. Ar yr ochr ddwyreiniol mae'n cwympo'n sydyn i ddyffryn Afon Iorddonen. Yn aml iawn gwelwyd eira ar ben y mynyddoedd uchel, yn enwedig ar Fynydd Libanus i'r gogledd, a phan doddai'r eira byddai llif yn yr afonydd, ac o ganlyniad, chwyddai'r Iorddonen yn afon fawr gyda'r cyflenwad dŵr ychwanegol.

Dim ond i ni symud ymhellach i'r dwyrain deuwn at y drydedd llain, neu stribed hir o dir Palesteina. Y darn yma o'r wlad yw dyffryn Afon Iorddonen, cwm isel a gwastadedd yn ymestyn y naill ochr i'r afon. Mae'r map yn dyst fod yr afon fel cadwyn hir yn cysylltu'r tri llyn, sef Llyn Merom i'r gogledd, Môr Galilea a'r Môr Marw.

Gwelwn fod mynyddoedd lawer yn agos i Fôr Galilea, a phan chwythai'r gwyntoedd oer o ben y rhain, achosent stormydd sydyn ar y llyn. Wedi gadael

Môr Galilea mae dyffryn Afon Iorddonen yn ddwfn, a dyma'r rheswm pam nad adeiladwyd llawer o bentrefi yn agos i'w glannau. Un pentref a adeiladwyd serch hynny oedd Jerico.

Mae Diffeithwch Jwdea yn gorwedd rhwng y Môr Marw a'r pentrefi y bu Iesu'n ymweld â hwy. Yn y diffeithwch hwn o bosibl y cafodd ei demtio gan y diafol. Nid môr fel y cyfryw yw'r Môr Marw ond llyn enfawr ac ynddo mae aber yr Iorddonen. Y syndod yw fod digon o le ynddo i ddŵr yr afon, oherwydd nid yw'r afon yn arwain i unman arall ac nid oes unrhyw gwrs afon yn arwain allan o'r Môr Marw. Mae'r tywydd mor boeth a'r awyr mor sych nes bod rhan helaeth o'r dŵr yn ageru. Gadewir halen ar ôl nes bod y llyn yn hallt iawn. Nid oes dim yn tyfu ar ei lannau, na'r un pysgodyn yn ei ddyfroedd, ac eithrio yn aber yr afon. Dyma sut y cafodd yr enw Môr Marw.

I'r dwyrain o'r afon mae'r llain olaf o dir. Gwelwn mai cyfres o fynyddoedd yw'r llain hon sy'n ymestyn bron yn ddi-dor o'r gogledd i'r de. I'r dwyrain mae rhanbarthau a threfi eraill. Mae sôn am y rhain yn y Beibl, ond nid ydynt mor gyfarwydd inni â storïau'r tair talaith. Y lle mwyaf adnabyddus yn y dwyrain oedd Moab, cartref Ruth. Yma hefyd yr oedd Gadara, lle iachaodd Iesu y dyn ag ysbryd aflan ynddo. Yma roedd Decapolis, nid un lle ond cadwyn o ddeg dinas yn cynnwys Gadara. Ambell dro byddai Iesu'n mynd y 'tu hwnt i'r Iorddonen', neu'n 'mynd trosodd i'r lan arall', ond yn y rhanbarthau, sef Galilea, Samaria a Jwdea y treuliodd y rhan fwyaf o'i amser.

GALILEA

Galilea oedd y dalaith leiaf o'r tair. Yr oedd yn ffrwythlon yn amser Iesu. Yma gwelai Iesu y ffermwyr yn trin y tir, y gerddi a'r gwinllannoedd, a'r porfeydd gwelltog.

Yn agos i Nasareth lle roedd ei gartref, yr oedd mynyddoedd, ac arferai Iesu gerdded i ben y rhain yn aml gan sylwi ar y wlad o'i gwmpas. Gwelai yn y pellter ddinas Nain. Rhyngddo a Môr y Canoldir gwelai Fynydd Carmel ac ymhell i'r gogledd, yr ochr draw i'r Iorddonen, Fynydd Hermon. Medrai edrych i lawr o ben y mynyddoedd hyn a dilyn cwrs yr afon yn ymdroelli hyd nes mynd o'i olwg yn y pellter draw, rywle tua'r Môr Marw yn y de.

Man mwyaf nodedig Galilea oedd Môr Galilea. Ar ei lannau galwodd Iesu rai o'i ddisgyblion gan ddweud: *"Mi a'ch gwnaf yn bysgotwyr dynion."* (Mathew 4.19)

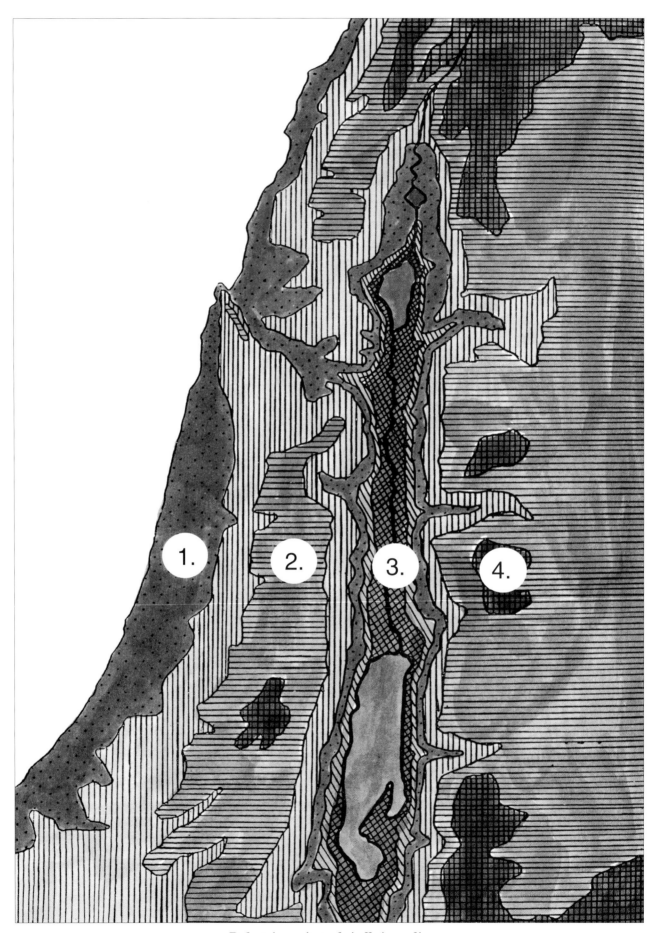

Palesteina a'r pedair llain o dir.

TAIR TALAITH GWLAD PALESTEINA YN AMSER IESU

MÔR Y CANOLDIR

Mynydd Libanus

Mynydd Hermon

Cesarea Philipi

PHENICA

Llyn Merom

Capernaum

Môr Galilea

Mynydd Carmel

GALILEA

Nasareth

Nain

DECAPOLIS

Cesarea

Gwastadedd Saron

SAMARIA

Samaria

Afon Iorddonen

Sichar

Mynydd Ebal

Gadara

Mynydd Garisim

Jopa

Arimathea

PEREA

Sorec

Emaus

Jerico

Shepelah

Jerwsalem

Bethphage

Cerioth

Bethania

Caer Gath

JWDEA

Bethlehem

Diffeithwch Jwdea

Gasa

Hebron

Y Môr Marw

Beerseba

Moab

Yr Aifft

O bentref i bentref yng Ngalilea rhedai heolydd yn cysylltu'r naill â'r llall. Ar un o'r ffyrdd roedd Capernaum. Roedd llawer o filwyr Rhufeinig yn byw yma. Cofiwn efallai am y canwriad yn gofyn i Iesu iacháu ei fab. Yma hefyd y gollyngwyd y dyn claf i lawr wrth draed Iesu. Mae'n sicr eich bod yn cofio manylion lawer am Gapernaum.

Yng Ngalilea y dechreuodd Iesu bregethu. Pobl gyffredin garedig oedd pobl Galilea. Efallai mai dyna paham y dewisodd un-ar-ddeg o'r deuddeg disgybl o'r dalaith hon. O ble oedd y deuddegfed, tybed?

Yr oedd nifer o bobl yn byw ym mhentrefi Galilea a daethant i wrando ar lais hyfryd Iesu.

Ffrwythlondeb y wlad a ddenai pobl i fyw yno. Adeiladwyd trefi prydferth ar lannau'r llyn, a daethant yn ganolfannau masnach a diwydiant. Yn y trefi hyn ceid amryw bethau ar werth – pysgod y môr, bwyd o'r ffermydd, dillad a brethyn, olew, gwin a chnydau. Gwerthid a chyfnewidid y rhain yn y marchnadoedd.

SAMARIA

Pan gawn gyfeiriadau yn y Beibl at Samaria, gallant gyfeirio, naill ai at enw'r rhanbarth, neu enw'r ddinas a adeiladwyd yno, fel sy'n wir am enwau rhai trefi a siroedd yng Nghymru.

Dinas hardd iawn oedd Samaria wedi ei hadeiladu ar ben bryn. Yn y ddinas hon cododd y Brenin Herod adeiladau gwych – rhai palasau ac amffitheatr. Yr oedd hon ar batrwm Rhufeinig. Mae olion harddwch a gwychder y ddinas i'w gweld hyd heddiw mewn ambell biler a cholofn yma a thraw.

Mae dau o fynyddoedd gwlad Samaria yn enwog ers amser yr Hen Destament – Mynydd Ebal a Mynydd Garisim. Gelwid y naill yn Fynydd y Felltith a'r llall yn Fynydd y Fendith. Mae'n debyg fod yr enwau hyn yn dwyn ar gof eiriau'r gyfraith am y fendith a gâi'r bobl o wrando ar Dduw ond hefyd y felltith a ddeuai o beidio â gwrando ar air yr Arglwydd. Yr oedd y ddau fynydd i'w gweld bob amser i atgoffa'r bobl o'r dewis oedd ganddynt.

Mae gwlad Samaria yn ffrwythlon. Mae grawn a ffrwythau lawer i'w cael yma. Yn y llain gyntaf o dir y cyfeiriwyd ati eisoes, mae gwastadedd Saron. Dinas bwysicaf yr arfordir oedd Cesarea.

Mae Samaria yn nodedig am fod hanesion lawer am bobl yn osgoi'r dalaith pan fyddent yn teithio o Jwdea i Galilea. Roeddent yn barod i fynd filltiroedd o'u ffordd i osgoi'r dalaith hon. Beth oedd eu rheswm tybed? Byddent yn croesi'r Iorddonen, yn dilyn glan ddwyreiniol yr afon a bwrw'n ôl yn y gogledd i Galilea.

Myfyrdod

Cofiwn Iesu rhyw ddydd yn gadael Jwdea, talaith yn ne'r wlad, ac yn dychwelyd i Galilea yn y gogledd. Teimlai reidrwydd i deithio drwy Samaria, y dalaith ganol, talaith a arferai'r Iddewon ei hosgoi ers cenedlaethau.

Daeth i dref o'r enw Sychar gan eistedd yno gerllaw ffynnon Jacob. Tua hanner dydd, yr amser cynhesaf posib, daeth gwraig o Samaria i dynnu dŵr o'r ffynnon. Bu'n syndod mawr iddi glywed Iesu yn ceisio cymwynas ganddi hi o bawb! A mynegodd hynny: *'Sut yr wyt ti, a thi yn Iddew, yn gofyn am rywbeth i'w yfed gennyf fi, a minnau'n wraig o Samaria?'* (Ioan 4.9).

Arweiniodd y cais uchod at un o ddeialogau mwyaf diddorol a ffrwythlon gweinidogaeth y Meistr.

Sylwer i Iesu – wedi iddo drafod â'r wraig faterion yn ymwneud â thraddodiadau crefyddol – ddatblygu'r sgwrs ar lefel lawer mwy personol. Oni ddylai'r Eglwys hithau yn ei chyfrifoldeb cenhadol gofio pwysigrwydd y personol? Felly, wrth reswm, y deuir yn agos at bobl.

Ac ar y llaw arall, ein profiadau personol, a'n profedigaethau yn fynych, sy'n rhoi min ystyrlon i'n pregethiad cyhoeddus o'r Gair.

Pe gofynnid i ni'n bersonol: *'beth yw dy grefydd di?'* Ai cyfeirio at ein capelyddiaeth neu'n henwadaeth neu rhyw draddodiad neu'i gilydd a wnaem? Onid gorbwysleisio rhain a wnaethom, a hynny ar draul cyfeirio at ein profiadau personol o'r Efengyl?

Dylanwadodd Iesu'n rhyfeddol ar safon a sylwedd bywyd personol y wraig o Samaria. Ac, o ganlyniad, bu hynny drwyddi hi yn fendith i deulu, i gymdeithas ac i'r byd.

* * *

JWDEA

Jwdea yn y de oedd y dalaith fwyaf ym Mhalesteina. Mae'r map yn dangos bod mynyddoedd yn ymestyn o'r gogledd i'r de. Yn y dwyrain mae'r tir yn syrthio i ddyffryn Iorddonen, ac yn y de i Ddiffeithwch Jwdea, lle temtiwyd Iesu. Mae glannau'r Môr Marw yn nodedig am mai dyma'r dyffryn dyfnaf ar wyneb y ddaear, a'r poethaf hefyd.

Wrth inni symud i'r gorllewin cawn ein hunain yn llain gyntaf y wlad y cyfeiriwyd ati ar y dechrau. Yma mae bryniau isel y Shepelah. Ceir llawer o ddyffrynnoedd ac afonydd yma, rhai ohonynt yn enwog yn hanesion yr Hen Destament. Yn Nyffryn Ajalon gorchfygodd Josua a'i filwyr bump o frenhinoedd. I'r de, yn Nyffryn Sorec, y ganed Samson a Dalila a gynorthwyodd y Philistiaid i'w ddal a thorri ei wallt er mwyn ei wanhau.

Ymhlith Mynyddoedd Jwdea saif prif ddinas yr Iddewon, Jerwsalem, ac yn agos i'r de mae Bethlehem lle ganed Iesu.

Wrth inni symud tua'r de o Jerwsalem drwy Fethlehem deuwn at ddinas Hebron. Yma yr ordeiniwyd Dafydd yn frenin. I'r de gwelwn Beerseba, lle mwyaf deheuol gwlad Palesteina. I'r un cyfeiriad mae gwlad yr Aifft, ac felly dyma syniad inni pa mor bell fu taith Mair a Joseff wrth iddynt ffoi gyda'r bachgen Iesu o afael Herod.

Heb fod ymhell o Jerwsalem yr oedd Emaus. Cerddodd Iesu ar hyd y ffordd hon wedi atgyfodi o'r bedd. Ar y ffordd o Jerwsalem i Jerico yr oedd Bethania. Gerllaw yr oedd Bethphage lle y cafodd y disgyblion yr asyn wedi ei glymu. Ar gefn yr asyn hwn y marchogodd Iesu i mewn i Jerwsalem.

Ar lethrau Mynydd yr Olewydd roedd sawl gardd ffrwythlon. Yn eu plith, Gethsemane. Yma bradychwyd Iesu gan Jwdas, ac ef oedd yr unig ddisgybl nad oedd yn enedigol o Galilea. Ei gartref ef oedd Cerioth, yn nhalaith Jwdea.

Dyma fraslun o wlad Iesu. Gobeithio y bydd yn gymorth i chi wrth ddarllen hanes y Meistr mawr yn nes ymlaen. Yn y wlad hon y ganwyd Ef, ac yng nghyffiniau'r lleoedd y buom yn sôn amdanynt, y cerddai, y pregethai, ac y bu'n iacháu. Ac yn y diwedd, y bu farw dros ddynion a fethodd ac a wrthododd ei gydnabod.

O safbwynt hanesion y Testament Newydd mae Palesteina yn bwysig am mai hi oedd Gwlad yr Addewid. Mae'r hanes yn mynd yn ôl i lyfr cyntaf y Beibl, ac yno, ceir hanes Abram yn arwain y bobl, cyndadau'r Iddewon, sef yr Hebreaid, o'r dwyrain i wlad Palesteina. Aeth llawer ohonynt i fyw i'r Aifft a datblygu'n genedl fawr nes i Pharo eu caethiwo. Aeth Moses yno ac arwain y bobl allan o'u caethiwed i wlad Canaan.

O safbwynt ein cyfnod ni, mae gwlad Palesteina yn bwysig am resymau amrywiol. O'r wlad fechan hon y daw olew, ac ni ellir gorbwysleisio pwysigrwydd hwn yn ein byd modern. Mae porthladdoedd Jopa a Chesarea wedi diflannu. Yn yr Hen Destament darllenwn am y cenhedloedd yn ymladd yn erbyn ei gilydd am ganrifoedd. Mae anghytundeb yn parhau hyd y dydd heddiw yn y Dwyrain Canol. Mor anheilwng yw hyn o feddwl mai dyma wlad Iesu.

Pennod 2

Y Bobl

Yr oedd yr Iddewon wedi arfer bod mewn cysylltiad â'u Duw ar hyd y canrifoedd. Hyfforddent eu plant i addoli yn gynnar, hyd yn oed yn bedair blwydd oed. Cofiwn am Mair a Joseff yn mynd â'r bachgen Iesu i fyny i'r Deml yn Jerwsalem. Cawn gyfle yn y bennod hon i sôn am brif wyliau'r Iddewon.

ADDYSG

Ceir hanesion yn yr Hen Destament am ysgolion cynnar lle dysgid y corau. Rhyw 400 C.C. daeth yr arferion hyn yn rhan o addysg draddodiadol yr Iddewon, a'r elfen bwysicaf oedd bod yn hyddysg yn yr Ysgrythur. Mae cyfraith ac ysgrythurau'r Iddewon yn canolbwyntio'n helaeth ar gyfraith Moses a gafwyd 'o ddwylo'r Arglwydd' ar ben Mynydd Sinai.

Hon oedd crefydd yr Iddewon, a neilltuwyd amser helaeth ar gyfer deall a dehongli Llyfr y Gyfraith.

Cyfyngwyd y wybodaeth a'r ddysgeidiaeth i bobl mewn oed ar y dechrau, ond yn ddiweddarach cafwyd athrawon yn Jerwsalem, a gwaith y rhain oedd addysgu'r plant yn eu gofal. Rhyw 70 C.C. sefydlwyd ysgolion ymhob tref i blant chwech neu saith mlwydd oed. Roedd y cyfrifoldeb am gadw'r ysgolion a thalu'r athrawon ar gynulleidfa'r Deml. O bryd i'w gilydd gwnaed casgliadau, a defnyddiwyd yr arian i gynorthwyo plant tlawd y pentrefi cyfagos.

Nid yw'r Testament Newydd yn rhoi hanes yr ysgolion y bu Iesu ynddynt, ond mae'n sicr fod ei dad a'i fam yn awyddus iddo wybod yr Ysgrythur. Yr oedd Iesu ei hun yn awyddus ac yn ymddiddori yn yr Ysgrythurau. Cofiwch amdano yn fachgen deuddeg oed yn y Deml yn Jerwsalem. Yn dilyn ei ymweliad â'r Deml yng ngwmni ei dad a'i fam, nid oedd Iesu i'w weld yn unman. Ble roedd tybed? Cawn yr ateb ym Mennod 6.

Nid Ysgrythur y byddent yn dysgu yn unig ond y wyddor Hebraeg. Os cewch gyfle i fynd i Addoldy'r Iddewon, sef y Synagog, clywch hwy yn canu'r Ysgrythur fel y byddwn ninnau'n canu salmau. Mae'n sicr y byddai'n rhaid iddynt drosi'r cynnwys i Aramaeg – iaith leol y bobl. Dyma'r iaith a siaradai Iesu.

Arferent ddysgu rhannau o'r Ysgrythur, yn aml gan adrodd adnodau lawer ar ôl yr athro. Câi ambell ddisgybl anrheg am waith da.

Yn nes ymlaen cafodd y plant ddysgu Rhifyddeg, a Groeg hefyd oherwydd dylanwad cryf arall a ddaeth dros y wlad. Mae'n sicr i Iesu gael cyfle i ddysgu llawer am yr iaith Roeg. Dysgent Ladin a chrefft ar gyfer ennill bywoliaeth. Mae hanes am Saul o Darsus yn gadael Tarsus ac yn mynd i ysgol Gamaliel yn Jerwsalem.

ADDOLI

Sonnir am ryw fath o deml yn amser Moses, mwy na thebyg math o babell, ac yn y babell bob amser y cedwid Arch y Cyfamod – y gyfraith a'r cytundeb rhwng Moses a'r Arglwydd. Arferent gario hon o'u blaen fel y teithient o le i le. Soniwyd ym Mhennod 1 am wlad Canaan – ac wedi cyrraedd yma, aethent ati i adeiladu adeiladau mwy parhaol i addoli ynddynt.

Yn yr Hen Destament mae hanesion am adeiladu a dinistrio temlau – Teml Solomon, Teml Sorobabel. Yr oedd y ddwy deml yn Jerwsalem. Pan anwyd Iesu roedd y Deml yn cael ei hadeiladu gan Herod. Dechreuwyd hon tua 20 C.C. Nid oedd Herod am addoli Duw, ond adeiladodd y Deml gan obeithio ennill ffafr yr Iddewon. Yn y Deml hon y bu'r bachgen Iesu pan oedd yn ddeuddeg oed.

Mewn cyntedd yn y Deml yr eisteddai'r cyfnewidwyr arian a'r rhai oedd yn gwerthu anifeiliaid i'w hoffrymu i Dduw.

I'r ganolfan hon y deuai Iesu gyda'i rieni i gadw'r ŵyl. Cyfeiriwyd ym Mhennod 1 at Deml arall a adeiladwyd gan y Samariaid oherwydd i'r Iddewon wrthod caniatáu iddynt gynorthwyo gyda'u teml hwy.

Yr oedd yr Iddewon wedi arfer dewis gwraig o'u cenedl eu hunain bob amser. Ond byddai dynion Samaria yn dewis yr un a fynnent i'w phriodi. Nid oedd yr Iddewon yn fodlon i hyn ac yr oedd yn gas ganddynt bobl Samaria. Bu'r Iddewon mewn caethiwed am flynyddoedd lawer a phan ddychwelasant i'w gwlad, yr

Galw pobl i'r Synagog

Synagog

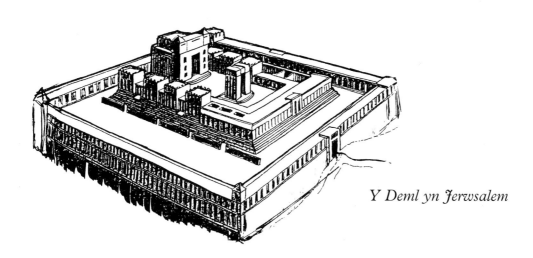

Y Deml yn Jerwsalem

Moses a'r Deg Gorchymyn

Sgrôl y Gyfraith

Arch y Cyfamod

oeddynt am godi'r Deml eto. Cynigiodd pobl Samaria eu helpu, ond gwrth-ododd yr Iddewon. Bu'r naill bobl yn casáu'r llall am ganrifoedd wedi hyn.

'Do I not destroy my enemies when I make them my friends.'
Abraham Lincoln

Rhaid inni beidio â chredu mai pobl ddrwg oedd y Samariaid. Dangosodd Iesu lawer gwaith fod dynion da yn eu plith, fel ymhlith y cenhedloedd eraill. Cofiwn am hanes y Samariad Trugarog ar y ffordd o Jerwsalem i Jerico. Cofiwch i Iesu iacháu deg o wahangleifion, ond un ohonynt a ddychwelodd i ddiolch i Iesu a moliannu Duw, a Samariad oedd hwnnw.

Yr oedd gan y Samariaid deml iddynt eu hunain ar Fynydd Garisim. Ni allai'r un Iddew fynychu'r deml hon; yr oedd yn rhaid iddo fynd i Jerwsalem. Mae'n amlwg fod yr Iddewon wedi bod yn grefyddol am ganrifoedd lawer. Pan oedd pobl, a arferai addoli, yn mynd i bentref arall, roedd lle addoli i'w gael yno gan amlaf, a hwnnw oedd y Synagog. Yma, yr oeddynt yn darllen yr Hen Destament, ac yn hwn y chwilient am ryw dystiolaeth am ddyfodiad y Meseia. Bu Iesu yn pregethu yn rhai ohonynt yn ystod ei weinidogaeth gyhoeddus.

Mae patrwm y synagog heddiw yn debyg i'r patrwm yn amser Iesu. Os cewch gyfle i fynd i'r synagog fe sylwch fod yno ryw fath o sgrîn yn gwahanu'r dynion oddi wrth y gwragedd a'r merched. Nid yw'r gwragedd yn cymryd rhan o gwbl yn y gwasanaeth, dim ond y dynion a'r bechgyn. Yn amser Iesu, ar ochr y pulpud roedd cadeiriau arbennig wedi eu gosod i'r bobl bwysicaf fel yr ysgrifenyddion a'r Phariseaid. Felly y mae'r drefn heddiw; y math yma o seddau ac yn aml enw'r perchnogion ar eu cefnau.

Aramaeg oedd iaith siarad y bobl, ond Hebraeg oedd iaith darllen ac ysgrifennu. Yr oedd yr Ysgryth-urau yn Hebraeg ar ffurf sgroliau. Felly, heddiw, sgroliau gan fwyaf sydd yn y synagog.

Arferai'r plant ddysgu salmau gartref yn gyntaf gan eu tad a'u mam, ac wedyn yn yr ysgol a gynhelid yn y synagog. Mae'n debyg mai bechgyn yn unig a fynych-ai'r ysgol; byddai'r merched yn aros gartref i helpu eu mamau. Yr enw a roddwyd ar yr ysgol ddyddiol oedd "Tŷ'r Llyfr" am mai astudio'r Beibl oedd ei gwaith pwysicaf hi.

Roedd addoldai'r Iddewon yn cynnwys synagogau a'r Deml yn Jerwsalem, man arbennig i gyfarfod ar yr ŵyl. Nid addoldai yn unig mohonynt ond hefyd lleoedd i ddysgu.

I ddeall bywyd cymdeithasol y bobl yn amser Iesu rhown ychydig o sylw i wyliau ac arferion yr Iddewon.

Y Sadwrn yw Saboth yr Iddewon, ac y mae'r Saboth yn dechrau y noson cynt ar fachlud yr haul. Efallai eich bod wedi sylwi fod yr Iddewon yn mynychu eu synagogau ar ddydd Sadwrn.

Yr oedd, ac y mae yn awr, lawer o reolau a gwaharddiadau ynglŷn â'r Saboth. Cafodd Iesu ei gyhuddo lawer tro o wella cleifion ar ddydd yr Arglwydd. Chwiliai'r Phariseaid yn aml am esgus fel y gallent ei gyhuddo Ef. Cofiwch iddynt gyhuddo'r claf wrth Lyn Bethesda pan gyfododd ei wely a rhodio ar orchymyn Iesu. Dywedent fod y dyn yn cario baich ar y Saboth.

Pwysleisiodd Iesu lawer gwaith fod dyn sy'n gwrthod gwneud daioni, mewn gwirionedd, yn gwneud drygioni.

Roedd yn draddodiad ymhlith yr Iddewon i gadw Gwyliau'r Arglwydd. Yr ydym eisoes wedi cyfeirio at y Deml lle y byddent yn mynd i gadw'r ŵyl. Yr oedd ganddynt dair prif ŵyl: Gŵyl y Pasg, Gŵyl y Pentecost a Gŵyl y Pebyll. Ar Ŵyl y Pasg yr aeth Mair a Joseff gyda'r bachgen Iesu i Jerwsalem.

Gŵyl y Pasg (Gŵyl y Bara Croyw)

Gŵyl y Pasg oedd y gyntaf yn y flwyddyn. Yn amser Iesu byddent yn cadw'r ŵyl i gofio gwaredigaeth yr Israeliaid o'u caethiwed yn yr Aifft (Salm 114).

Bwytaodd Iesu fara ac yfodd win ar Ŵyl y Pasg. Cyfeirir ato yn y Testament Newydd fel y "Swper Olaf" cyn iddo fynd allan i'w farwolaeth ar Galfaria. Mae storïau lawer a barddoniaeth wedi eu cyfansoddi am y Greal Sanctaidd, a chredai rhai mai dyma'r cwpan yr yfodd Iesu ohono. Ar ôl dyddiau Iesu rhoddwyd ystyr newydd i Ŵyl y Pasg.

Mae'n debyg fod llawer o bobl yn arfer ymgynnull mewn tŷ, yn ddiweddarach, gan rannu bara. Ar adeg y Pasg arferid mynd â'r ysgub gyntaf o farlys i'r offeiriad gan ddangos mai i Dduw oedd y diolch am yr hyn a gafwyd.

Gŵyl y Pentecost (Gŵyl yr Wythnosau)

Yr ail ŵyl yw Gŵyl y Pentecost. Arferai'r Iddewon gadw'r ŵyl hon i gofio diwedd y cynhaeaf. Mae'n naturiol i rai cnydau aeddfedu o flaen eraill oherwydd amrywiaeth tywydd, ond ar ôl rhyw saith wythnos byddai'r cnydau gwenith wedi eu casglu i mewn. Dyna adeg y Pentecost, saith wythnos, neu ddeng niwrnod a deugain wedi'r Pasg. Arferai'r Iddewon deithio i Jerwsalem, yn aml ar y môr gan fod y ffordd hon yn llai blinderus nag ar dir. Byddai llu o bobl yn Jerwsalem ar yr adeg hon.

Soniwyd yn gynt am y Samariaid yn adeiladu eu Teml eu hunain ger Mynydd Garisim, wedi iddynt gael eu gwrthod gan yr Iddewon. I'r Deml hon yr âi'r Samariaid ar y gwyliau hyn. Byddent yn gadael eu tai yn y pentrefi a byw mewn cabanau bychain ar ochr y mynydd yn agos at y Deml ac yn gyfleus iddi.

Ar yr ŵyl hon cofiai'r Iddewon am Moses a'r Deg Gorchymyn (Exodus 20.1-17).

Gŵyl y Pebyll (Gŵyl y Tabernaclau)

Yr ŵyl olaf yw Gŵyl y Pebyll. Mae'r ŵyl hon yn debyg iawn i gyrddau diolchgarwch ein heglwysi ni tua mis Medi. Gŵyl o ddiolchgarwch yw Gŵyl y Pebyll, gŵyl o ddiolch i Dduw am y cynhaeaf. Daw'r enw o hanes cynnar yr Israeliaid yn crwydro yn yr Anialwch ac yn cysgu mewn pebyll. Cofient fod yr Arglwydd wedi eu harwain allan o'r Anialwch i wlad yr Addewid. Arferiad ymhlith y teuluoedd oedd codi pebyll allan yn yr awyr agored dros ddyddiau'r ŵyl. Byddai hyn yn eu hatgoffa o'r dyddiau cynnar yn yr anialwch, a sylweddolent gymaint mwy cysurus oeddynt erbyn hyn (Exodus 16.2-3 a 13-16).

Gŵyl y Cysegru (Gŵyl y Goleuadau)

Yn 333 C.C. concrwyd gwlad Palesteina gan y Groegiaid. Yn 165 C.C. arweiniodd Jwdas Macabeus y bobl yn erbyn y Groegiaid a'u gyrru o'r wlad. Glanhawyd y Deml a'i hailgysegru. Llenwid y Deml â goleuadau a gorymdeithiai'r addolwyr yno yn un dyrfa fawr. Weithiau gelwir hon yn Ŵyl y Goleuadau.

Gŵyl y Purim

Cofiwn i'r Iddewon gael eu caethgludo i Babilon (586 C.C.). Yn ystod eu cyfnod yno bu cynllwyn i'w lladd i gyd. Llwyddodd y frenhines Esther, a'i hewythr,

Archoffeiriad

Offeiriad

Lefiad

Pharisead

Ysgrifennydd

Sadwcead

Casglwr Trethi

16

Mordecai, i berswadio'i gŵr, y brenin Ahasferus, i achub ei chyd-Iddewon rhag cynllwynion Haman. Darllenid stori Esther yn y synagogau ar yr Ŵyl (Esther 9.20-23).

SECTAU CREFYDDOL

Mae'n sicr i chwi wrth ddarllen y Testament Newydd a'r hanesion am Iesu, glywed sôn am bobl eraill yn y wlad, heblaw'r Rhufeiniaid, a oedd yn llywodraethu'r wlad yr adeg honno.

Bydd yn gymorth i ni weld y cysylltiad rhwng y rhain, a'u lle yn y gymdeithas.

Er mai'r Rhufeiniaid oedd yn rheoli'r wlad yn amser Iesu, bodlonwyd i'r SANHEDRIN (sef cyngor yr Iddewon) brofi achosion, yn enwedig cyhuddiadau yn ymwneud â chyfreithiau'r Iddewon. Cosbent y troseddwyr ond ni allent roi neb i farwolaeth. Dyna paham y dygwyd Iesu at Pilat wedi iddo gael ei brofi ganddynt.

Yr ARCHOFFEIRIAD oedd llywydd y Sanhedrin. Sonnir weithiau am fwy nag un archoffeiriad; a'r rhain oedd y rhai a fu yn y swydd o'r blaen. Aelodau cyfoethocaf y Sanhedrin oedd y SADWCEAID a'u prif ddiddordebau oedd arian, swydd a dylanwad. Byddent yn cadw cyfran o gasgliadau'r Deml. Cofiwch i Iesu droi'r cyfnewidwyr arian allan o'r Deml. Rhai o aelodau'r Sanhedrin hefyd oedd y PHARISEAID. Yr oeddynt hwy yn credu llawer mwy yng Nghyfraith y Genedl na'r Sadwceaid. Credent fod eu cenedl hwy, sef yr Iddewon, wedi ei dewis yn arbennig gan Dduw. Dilynent y gyfraith yn fanwl dros ben. Rhai cul iawn eu meddwl oeddynt, yn enwedig ynghylch pethau'n ymwneud â'r Saboth. Credent eu bod yn ddynion da.

Darllenwn weithiau yn yr Efengylau am BUBLICANOD. Mae'n debyg fod dau ddosbarth ohonynt. Un dosbarth oedd y Rhufeiniaid eu hunain a drefnai'r dreth ar y bobl. Yr ail oedd y publicanod eraill, sef y rhai a ddewisai dderbyn swydd o dan yr Ymerodraeth Rufeinig. Rhain oedd yn gyfrifol am gasglu'r dreth.

Un o'r publicanod hyn oedd Sacheus; yn wir yr oedd yn ben publican.

Deuwn ar draws ymadrodd fel hwn yn disgrifio Iesu Grist: *"canys yr oedd yn eu dysgu fel un ag awdurdod ganddo, ac nid fel eu hysgrifenyddion."* (Mathew 7.28). Pwy oedd yr YSGRIFENYDDION tybed? Yr ydych yn sicr o wybod beth yw gwaith ysgrifennydd, a dyna oedd gwaith y rhain, copïo'r Gyfraith ar y sgrôl.

Roedd pob copi yr adeg honno yn gorfod cael ei ysgrifennu â llaw. Gelwid hwynt yn gyfreithwyr weithiau oherwydd byddai'r ysgrifenyddion hyn yn dehongli'r Gyfraith. Roedd rhai o'r ysgrifenyddion yn Phariseaid. O ganlyniad i'w gwybodaeth ynglŷn â'r gyfraith, roedd rhai ohonynt yn dysgu yn y synagogau ac yn y pentrefi.

Yr OFFEIRIAID oedd yn gyfrifol am weinyddu yn y Deml.

Gobeithio bod cyfeiriadau syml fel y rhain at bobl gwlad Palesteina yn gymorth i chwi wrth ddarllen hanes Iesu. Pan y down i ddarllen ei hanes, byddwn yn cofio safle a gwaith y bobl yn y gymdeithas.

Ysgrifennydd

Pot Inc

Sgrôl

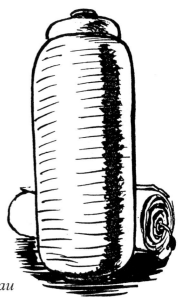

Llestr neu jar i gadw'r sgroliau

IAITH

Soniwyd eisoes am iaith y bobl yng ngwlad Palesteina. Hebraeg oedd iaith y bobl o safbwynt darllen ac ysgrifennu. Yn yr Hen Destament ceir hanes pobl y wlad, a gellir olrhain eu hanes yn ôl i'r cyfnod y daeth yr Hebreaid i'r wlad, ond nid oes unrhyw ddatganiad eglur o'u cefndir hanesyddol.

Er mai Hebraeg oedd iaith ysgrifennu a darllen, Aramaeg oedd iaith siarad y bobl, ond erbyn y cyfnod hwnnw roedd Groeg yn iaith amlwg yn y wlad. Paham tybed fod angen iaith arall a dwy iaith gan y bobl yn barod?

Os syllwn ar y map ac olrhain hanes gwlad Iesu, bydd hyn yn fanteisiol inni ddeall cyflwr y wlad pan aned Iesu.

Sylwer nad yw gwlad Groeg ymhell o Balesteina. Brenin un o daleithiau'r wlad hon, sef Macedonia, oedd Philip. Ganwyd iddo fab o'r enw Alecsander.

Daeth yn frenin mawr a gwrol. Mae'n bwysig inni ddilyn ei deithiau i wlad Iesu, a down i sylweddoli mai o ganlyniad i wroldeb y brenin hwn y cafodd gwlad Palesteina ei hiaith ychwanegol, sef Groeg. Nid oes un cyfeiriad uniongyrchol at Alecsander Fawr wrth ei enw yn y Beibl, ond wrth inni olrhain ei hanes, down ar draws cyfeiriadau ato.

Synnwyd pobl gwledydd y Dwyrain gan lwyddiant cyflym Alecsander a'i fyddinoedd yn concro'r gwledydd, gan mai dyn ifanc iawn oedd. Fel yr aeth o wlad i wlad cafodd ddylanwad mawr ar bobl y gwledydd hynny. Gwelwn fod yr Ymerodraeth Rufeinig wedi cael dylanwadau tebyg ar ein gwlad ni.

Wedi concro'r wlad lledaenodd gwareiddiad Groeg dros y cyfan. Ac ar ôl amser, aeth llawer o bobl y wlad i fyw eu bywyd fel y Groegiaid. Gwelwyd newid mawr yn y wlad; dechreuodd y bobl wisgo'n wahanol i'w harfer, newidiwyd yr arferion, ac yn bwysicach na dim dechreuwyd siarad iaith newydd.

Alecsander Fawr oedd yn gyfrifol am gysylltu'r Dwyrain a'r Gorllewin. Daeth gwlad Iesu fel gwledydd eraill yn rhan o'r Ymerodraeth Roegaidd. Cafodd ddylanwad mawr a phwysig ar fywyd y bobl. Daeth y bobl i siarad yr iaith, a'r rhai galluocaf i'w hysgrifennu. Ar ôl cyfnod o amser daeth y bobl i gyfarwyddo â'r Roeg, a chollasant afael ar eu hen iaith, yr Hebraeg, felly cyfieithwyd eu llyfrau crefyddol i'r Roeg. Beiblau Groeg oedd ganddynt yn eu synagogau. Yn yr iaith Roeg yr ysgrifennwyd y Testament Newydd.

Y GYFRAITH

Dyma rai o gyfreithiau yn ymwneud â bron pob agwedd ar fywyd bob dydd.

RHEOLAU YNGLŶN Â PHA ANIFEILIAID Y GELLID EU BWYTA
Lefiticus, Pennod 1-11.

BETH I'W OFFRYMU I'R OFFEIRIAID
Deuteronomium, Pennod 18, ad. 3-5.

DOD O HYD I EIDDO CYMYDOG
Deuteronomium, Pennod 22, ad. 1-3.

YNGLŶN Â MASNACHU
Lefiticus, Pennod 19, ad. 35-37.

GWYLIAU CREFYDDOL
Deuteronomium, Pennod 16, ad. 13-15.

AM Y CYNHAEAF A'R TLAWD
Lefiticus, Pennod 19, ad. 9 a 10.

YNGLŶN Â GWAHANGLEIFION
Lefiticus, Pennod 13, ad. 45-46.

COFIO AM RAN DUW YN HANES Y GENEDL
Deuteronomium, Pennod 8, ad. 11-18.

Yng ngwlad yr Aifft cododd dinas newydd o'r enw Alecsandria. Hon oedd canolfan addysg a diwylliant, ac yn naturiol cynyddodd y boblogaeth yno. Daeth y bobl a oedd yn hoff o lenyddiaeth ac yn ymddiddori mewn addysg i fyw yno.

Nid oedd yr holl Iddewon yn barod i ddilyn patrymau newydd o fyw; credai llawer mai gwell oedd iddynt gadw i'w hen arferion a'u crefydd. Rhoddwyd enw HASIDIM ar y gwrthwynebwyr hyn ac yn nes ymlaen galwyd hwy yn Phariseaid. Dyma'r rhai y buom yn sôn amdanynt, y rhai a arferai eu galw eu hunain yn "bobl gyfiawn". Wrth iddynt gadw yn bendant i'w crefydd yr oeddynt yn beirniadu'r peth lleiaf a wnaethpwyd y tu allan i'r gyfraith. Gwyddom iddynt feirniadu Iesu am wella'r claf ar y Saboth.

Symudodd y Groegiaid o dref i dref hyd nes y daethant i le o'r enw Modin yn agos i Jerwsalem. Yma cododd yr Iddewon yn erbyn y Groegiaid dan arweiniad Jwdas, cariwyd y frwydr ymlaen gan ei frodyr, ac o ganlyniad i'w hymdrech hwy daeth yr Iddewon yn genedl annibynnol unwaith eto. Wedi i'r deml gael ei hail gysegru dechreuodd yr Iddewon addoli yno unwaith yn rhagor. Ar 25ain Rhagfyr 164 C.C. yr ail-ddechreuodd yr addoliad.

Yn amser Iesu nid oes amheuaeth iddo gael cyfle i wybod llawer am y Groegiaid a'u hiaith. Yn ychwanegol i Rifyddeg ac Ysgrythur, mae'n sicr fod y plant yn dysgu Groeg. Yr oedd yn iaith bwysig ac yn gyfrwng mynegiant y mwyafrif o bobl yr adeg honno. Rhoddid pwyslais arbenning ar yr iaith yn Jerwsalem ac ar wybodaeth o'r iaith yn gyffredinol yng Ngalilea.

Er i'r Groegiaid ddangos creulondeb ac er eu bod yn baganiaid o safbwynt yr Iddewon, mae'n bwysig inni gofio hefyd iddynt gynorthwyo'r wlad honno mewn amryw ffyrdd. Yr oedd pwyslais ar y theatr, a chafodd trefi mwya'r wlad eu harddu â chelfyddyd a phensaernïaeth sydd i'w gweld hyd y dydd heddiw. Cyffredin oedd gweld cerfddelwau gwych yng nghanolfannau'r trefi.

Mae'n sicr i chwi glywed am y Groegiaid yn rhedeg mewn mabolgampau. Yr oeddynt yn hoff iawn o chwaraeon.

Roedd yr iaith Roeg felly, yn holl bwysig yng nghyfnod Iesu, ac yn wir yn gyfrwng siarad y bobl. Pan groeshoeliwyd yr Arglwydd Iesu gosodwyd arysgrifen uwch ei ben mewn tair iaith, ac un o'r ieithoedd hyn oedd Groeg.

"Yr oedd hefyd arysgrif uwch ei ben, Iesu o Nasareth, Brenin yr Iddewon."

(Ioan 19.19)

Cyfeirir at arwyddocâd bob un o'r ieithoedd hyn ym Mhennod 13 y Llyfr.

Iddew

Rhufeiniwr

Groegwr

Pennod 3

Y Wladwriaeth

Tua 70 C.C. yr oedd arweinwyr y ddwy blaid, sef y Sadwceaid a'r Phariseaid, yn parhau i anghytuno ynglŷn â phwy a ddylai fod yn ben.

Wrth i'r Iddewon roi eu sylw i'r mater hwn o benderfynu ar bennaeth, rhoddwyd llai o lawer o bwyslais ar elfennau Groegaidd ac felly, lleihaodd awdurdod y Groegiaid. Tyfodd awdurdod cenedl arall, sef y Rhufeiniaid.

Yn 63 C.C. arweiniodd Pompei y Rhufeiniaid i ardal i'r De o Rufain yn yr Eidal. Daethant i wlad Palesteina a dyma bobl gwlad Iesu yn cael profiad arall o ddylanwad estron ar eu gwlad, er y bu'n brofiad tra gwahanol i'r profiad cynharaf o dan law'r Groegiaid.

Yr adeg hon concrwyd y gwledydd o amgylch Môr y Canoldir, a bu'r môr hwn o dan oruchwyliaeth y Rhufeiniaid am gyfnod helaeth. Ar yr un pryd gwaredwyd y môr o ladron. Gelwid y môr hwn "Ein Môr Ni" gan y Rhufeiniaid.

Rhaid inni gofio sefyllfa'r wlad pan gyrhaeddodd Pompei a'i filwyr yno. Roedd y ddwy blaid ym Mhalesteina yn anghytuno'n llwyr ac felly pan ddaeth Pompei, gwelodd ef yr ymrafael a phenderfynodd gefnogi'r Phariseaid o dan eu harweinydd. Mewn ychydig amser concrwyd y Sadwceaid ac aethpwyd â'u harweinydd yn garcharor i Rufain. Aeth gwlad Palesteina yn rhan o'r Ymerodraeth Rufeinig. Collodd y Sadwceaid beth o'u hawdurdod. Cafodd y Phariseaid gadw ychydig awdurdod ar faterion crefyddol yn unig. Gwelwn felly fod y bobl hyn mewn sefyllfa debyg i'r adeg honno pan fuont o dan law'r Groegiaid. Cawsant awdurdod ar faterion crefyddol yr adeg honno hefyd.

Y Rhufeiniaid oedd yn rheoli'r wlad mwyach. Yr oedd milwyr Rhufeinig yno bob amser i gadw trefn. Cafodd un o gymwynaswyr Rhufain, sef Antipater, lawer o awdurdod. Wedi i Cesar ddod yn bennaeth ar yr Ymerodraeth Rufeinig, rhoddodd ef awdurdod o'r newydd i Antipater i ofalu am Balesteina.

Yn 40 C.C. cafodd Cesar ei lofruddio. Cofiwch efallai, i Shakespeare ysgrifennu drama enwog am y digwyddiad hwn.

Mab i Antipater oedd Herod Fawr. Cofiwn mai efe oedd Brenin Jwdea pan aned Iesu. Cafodd Antipater, tad Herod Fawr, ei lofruddio yn 43 C.C. Ceisiodd Herod Fawr gymorth Rhufain – ac o ganlyniad i'w gais ef y cafodd ei wneud yn frenin ar wlad Palesteina.

Fe barhaodd i lywodraethu am gyfnod ac ar ôl rhyw dair blynedd, bu ei lywodraeth yn effeithiol.

Pan oedd Iesu Grist yn faban, dywedir i'w dad a'i fam ffoi gyda'u baban i'r Aifft o afael Herod. Bu farw Herod Fawr yn 4 C.C. Ganwyd Iesu ychydig cyn hyn.

Rhaid inni sylweddoli felly fod yr Iddewon yn byw o dan law Herod; ceisiodd sicrhau eu cydweithrediad. Cafodd fwy o awdurdod o'r Ymerodraeth Rufeinig, a daeth yn gyfrifol am daleithiau eraill y wlad, ac ef a fu'n gyfrifol am adeiladu llawer o'r adeiladau gwych. Ei gyfraniad mwyaf nodweddiadol oedd ail-adeiladu'r Deml yn Jerwsalem, wedi ei distrywio gan y Groegiaid.

Wedi i Herod farw, cafodd Mair a Joseff neges i ddweud ei bod yn ddiogel iddynt ddychwelyd i'w gwlad gyda'r bachgen Iesu. Rhannwyd y wlad y bu Herod yn gyfrifol amdani, yn dair talaith.

Cafodd Philip awdurod ar y rhan i'r Gogledd o Galiliea, sef Itwrea a Trachonitis, i'r dwyrain o'r Iorddonen, Herod Antipas yn *detrarch* ar Galilea a Pherea, ac Archelaus ar Jwdea, Samaria ac Idwmea. Archelaus oedd yn teyrnasu yn Jwdea felly pan ddychwelodd Mair a Joseff a'r baban o wlad yr Aifft. Fe'i diswyddwyd yn 6 O.C. Bellach, Rhufain oedd yn llywodraethau ar Jwdea a daeth Pilat yn rhaglaw yn 26 O.C., cyfnod croeshoelio Iesu.

Felly rhaid inni sylweddoli i'r Rhufeiniaid, er iddynt amharu llawer ar fywyd pobl y wlad, fod yn gymorth a bendith mewn sawl ffordd. Wrth iddynt ddarparu cyfleusterau, rhaid oedd cael arian i'w cynnal.

Blinodd yr Iddewon ar lywodraeth y Rhufeiniaid a chododd gwrthryfel yn erbyn yr Ymerodraeth yn 66 O.C. Y canlyniad oedd i'r Deml yn Jerwsalem gael ei distrywio unwaith eto.

Fel y Groegiaid cododd y Rhufeiniaid amffitheatr a chanolfan chwaraeon. Y Rhufeiniaid oedd y bobl gyntaf i adeiladu digonedd o sianeli dŵr fel y byddai cyflenwad da ohono yn cyrraedd y trefi a'r dinasoedd.

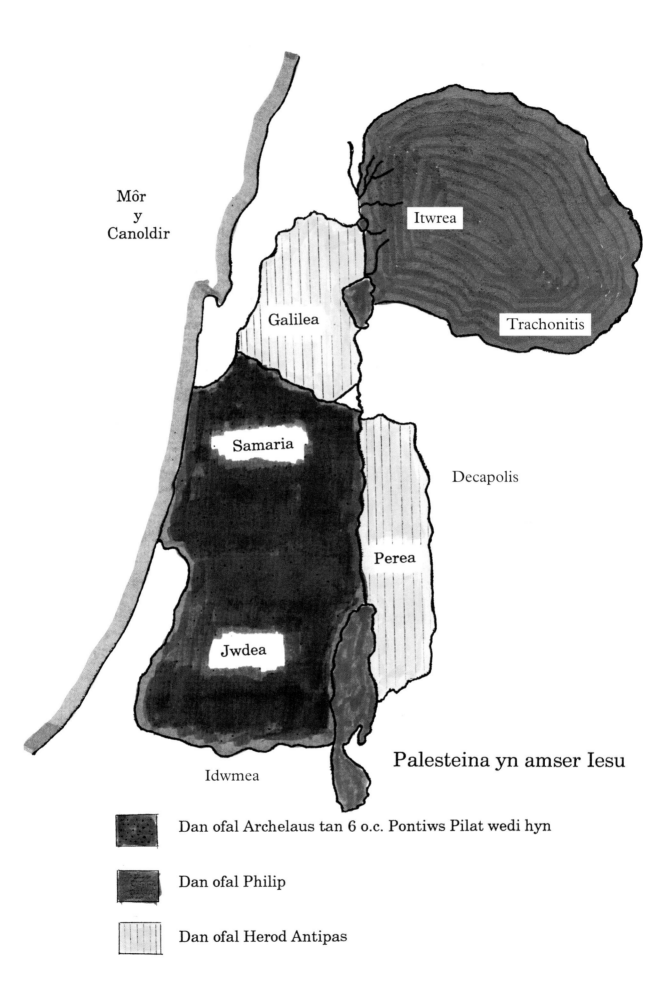

Môr
y
Canoldir

Galilea

Itwrea

Trachonitis

Samaria

Decapolis

Perea

Jwdea

Palesteina yn amser Iesu

Idwmea

Dan ofal Archelaus tan 6 o.c. Pontiws Pilat wedi hyn

Dan ofal Philip

Dan ofal Herod Antipas

Sianeli dŵr Rhufeinig

Pont Rufeinig

Iard Rufeinig

MILWYR RHUFEINIG

*Cludydd yr Eryr
yn arwain milwyr i'r gad*

Milwr cynorthwyol

Milwr lleng

*Chwythwr Corn – rhoddwyd
gorchymynion drwy
chwarae nodau gwahanol*

Cristionogion yn cael eu taflu i'r llewod

*Gwŷr wedi eu hyfforddi'n arbennig
a elwid 'gladiators' yn ymladd hyd farwolaeth*

Ras cerbydau rhyfel

Rhaid oedd cael arian i gyfarfod â chostau'r cyfleusterau hyn, ac felly, bu'n rhaid i'r bobl dalu trethi. Nid oeddynt yn fodlon i hyn, yn enwedig gan fod y dull o gasglu'r dreth yn ormesol.

Cofiwn am gymeriadau yn amser Iesu a enwid yn Bublicanod. Soniwyd amdanynt ym Mhennod 2. Arferai'r Rhufeiniaid werthu'r hawl i gasglu'r dreth i Iddewon. Un o'r casglwyr trethi oedd

Sacheus; gwyddoch amdano'n casglu gormod, mwy nag oedd angen. Dyma sut y daeth yn ddyn cyfoethog. Casglodd, felly, o ganlyniad i'w ddiffyg ffydd a'i ddiffyg cydymdeimlad â'i gyd-wladwyr. Rydym eisoes wedi cyfeirio at Mathew yn casglu arian wrth y dollfa.

Eisteddai yno i gasglu treth ar y bwyd a'r nwyddau a werthwyd yn y ddinas. Mae pobl heddiw yn talu treth debyg.

Rhaid inni beidio â chredu fod pob Rhufeiniwr yn elyn i'r Iddew. Mae amryw enghreifftiau i'w cael yn y Testament Newydd. Credai'r canwriad y gallai Iesu iacháu ei fab heb ei weld. Roedd un arall ar Galfaria yn cydnabod fod Iesu yn Fab Duw.

Er nad oedd yr Iddewon yn hoffi'r syniad eu bod yn byw o dan yr Ymerodraeth Rufeinig, mae'n sicr mai'r Rhufeiniaid a fu'n gyfrifol am gadw trefn yn y wlad am gyfnod. Yr ydym wedi gweld yn y penodau cynharaf fod brwydro parhaus wedi bod ym Mhalesteina ers canrifoedd. Amcanai rhai o'r Rhufeiniaid at sefydlu heddwch trwy'r byd. Gwnaeth y Groegiaid eu rhan hefyd cyn i'r Rhufeiniaid ddod. Gallwn ddweud mai Alecsander Fawr a Chesar a baratôdd y ffordd i'r Efengyl ymledu trwy'r byd. Yr adeg hon ym Mhalesteina nid oedd unrhyw wrthwynebiad cryf i grefydd y Genedl. Roedd yna gyfle i'r Eglwys gysgodi o dan nawdd Iddewiaeth, oherwydd bod y grefydd hon yn gyfreithlon yn nhyb y Rhufeiniaid.

Yn yr Ymerodraeth hon roedd caethwasiaeth yn gyffredin. Roedd y caethwas yn amser y Rhufeiniaid, yn rhan o eiddo'r meistr. Gwerthwyd a phrynwyd caethweision yn y marchnadoedd. Roedd anghytundeb rhwng y pleidiau crefyddol yn parhau o hyd ac roedd gamblo, a chwaraeon yr arena ymhlith drygau'r cyfnod.

I ganol byd o'r math hwn y daeth Iesu Grist. Ganwyd ef yn un o bentrefi'r wlad. Roedd dynion mawr wedi ymddangos ym Mhalesteina ar hyd y canrifoedd, ond wele'r enw mwyaf mewn hanes, Iesu Grist.

Anifeiliaid, Adar a Phlanhigion

Soniwn ychydig am anifeiliaid, adar a phlanhigion y wlad. Cyfeiriodd Iesu Grist at lawer ohonynt yn ei ddamhegion, ac yn sicr clywsai ei rieni yn sôn am eraill yn rhai o hanesion yr Hen Destament.

Y Ddafad

Heb os nac oni bai un o anifeiliaid mwyaf adnabyddus y Beibl i gyd yw'r ddafad. Ystyriwyd dyn yn gyfoethog os yr oedd yn berchen ar nifer o ddefaid. Yn storïau'r Hen Destament bugeiliaid oedd Abraham ac Isaac, Jacob, Moses a Dafydd. Mae hanes am Abraham yn byw gyda'i deulu  mewn pebyll ac arferent symud eu preiddiau'n aml o fan i fan i chwilio am borfeydd gwelltog.

Yr oedd y defaid yn hanfod bywyd iddynt. Oddi wrthynt y caent bron bob peth oedd angen arnynt i fyw, sef llaeth a chig a gwlân ar gyfer eu dillad.

Un o ddarnau mwyaf adnabyddus y Beibl i gyd yw'r drydedd Salm ar hugain. Cyfansoddwr y Salm oedd Dafydd y bugail ifanc a ddaeth yn frenin yn ddiweddarach yn ei fywyd.

Yn wahanol i fugeiliaid heddiw, arwain y defaid a wnâi bugeiliaid cyfnod Iesu, nid eu gyrru fel y gwna bugeiliaid heddiw. Gwisgent glogyn o groen yr anifail a charient wialen o bren fel arf yn erbyn anifeiliaid rheibus. Yr oedd gan y bugail ffon arbennig â phen bachog iddi. Gallai afael mewn dafad neu oen â hon. Cariai'r bugail hefyd ffon-dafl neu sling. Defnyddiai hon weithiau i daflu carreg i newid cyfeiriad ambell ddafad oedd am grwydro o'r praidd. Cofiwch mai â ffondafl o'r fath y lladdodd Dafydd y cawr Goleiath.

Un o ddisgrifiadau hyfrytaf Iesu yw'r un o'r Bugail Da. Cewch y disgrifiad yn y bennod ar y Damhegion.

Geifr

Yn aml iawn roedd gan y bugail nifer o eifr hefyd. Petaech yn ymweld â gwlad Iesu heddiw caech weld nifer o'r rhain ar greigiau moel y wlad. Maent yn anifeiliaid cadarn a chaled yn llwyddo i fyw ar yr ychydig dyfiant sydd ar gael ar fryniau anial y wlad.

Yn Exodus 26 mae yna gyfeiriad at lenni'r tabernacl wedi eu gwneud o flew gafr. Yn yr un modd gwnaethpwyd dillad a phethau defnyddiol eraill. Yn ôl yr hanes yn Llyfr Exodus gwnaethpwyd un llen ar ddeg o flew'r afr.

Yn Efengyl Luc disgrifir sut mae'r afr yn darparu cig, a gwnaed ymenyn a chaws o'i llaeth. Pan baratowyd gwledd arbennig, un o'r bwydydd mwyaf godidog i'r gwahoddedigion oedd cig y myn gafr. Cedwid y gwin a diodydd eraill mewn costreli a wnaethpwyd o groen yr afr. Mae'n debyg bod gan y mwyafrif o deuluoedd o leiaf un gafr.

Yn Llyfr Samuel cyfeirir at Anialwch En-gedi. Mae'n debyg mai ystyr y gair hwn yw 'Ffynnon yr Afr Wyllt neu'r Myn'.

Yr Asyn

Dyma un o'r anifeiliaid mwyaf amhoblogaidd ac un a gaiff ei wawdio'n aml am ei hagrwch. Eto, o un safbwynt, dyma'r anifail enwocaf am mai hwn gafodd y fraint o gario Iesu.

Roedd yn anifail pwysig a defnyddiol iawn yn nyddiau'r Hen Destament a'r Testament Newydd. Mae yna le amlwg iddo yng ngwaith bob dydd y wlad, hyd yn oed heddiw. Dywedir bod asyn gwlad Palesteina yn fwy ac yn gryfach na'r asyn y gwyddom ni amdano yng Nghymru. O ganlyniad gallai weithio'n galetach.

Defnyddiwyd ef i farchogaeth o fan i fan, i gario nwyddau i'r marchnadoedd ac i droi'r maen yn y felin. Weithiau defnyddiwyd ef i dynnu'r aradr.

Yn yr Hen Destament dywedir mai un o'r cymeriadau mwyaf oedd Job. Ymhlith ei gyfoeth oedd pum cant o asynnod. Mae'n debyg i Abraham farchogaeth ar asyn pan oedd yn teithio o Beersheba i Fynydd Moriah i offrymu ei fab Isaac.

Yng nghyfnod yr Hen Destament byddai'r asynnod yn wylltion ac yn crwydro'r wlad i chwilio am laswellt a dŵr. Gan amlaf llwyd yw lliw y mwyafrif ohonynt, ond weithiau gwelir asyn gwyn. Hoffai brenhinoedd yr Hen Destament gadw'r rhai gwyn. Mae'n debyg y byddai'r asyn gwyn yn arwydd o gyfoeth.

Y Camel

Yng ngwledydd y byd erys y camel yn un o'r anifeiliaid gwerthfawrocaf. Mae'n hollol addas i'r math o dir a geir yn y gwledydd poeth a gall oddef sychder a gwres.

Ceir hanesion lawer amdano yn y Beibl. Cariai lwythau trymion a gallai deithio milltiroedd lawer mewn diwrnod. Gallai hefyd fod heb ddŵr am gyfnod hir.

Yn debyg i flew'r afr, gwewyd blew'r camel i frethyn a defnyddiwyd ef i wneud pebyll a bagiau i ddal nwyddau ar ei gefn. Ar gefn crwm y camel gosodwyd ffrâm o bren. Gorchuddiwyd y ffrâm gan frethyn lliwgar neu garped. Mae hanesion yr Hen Destament yn dweud wrthym i Rachel guddio delwau tu mewn i'r ffrâm bren. Yn un o frwydrau'r Brenin Dafydd mae hanes am bedwar cant o filwyr ifainc yn marchogaeth ar gamelod.

Y Ceffyl

Mewn rhyfel y defnyddiwyd ceffylau yn bennaf. Ceir hanes am y Brenin Dafydd yn cadw ceffylau a cherbydau i'w defnyddio yn y rhyfel. Yn Llyfr Esra ceir hanes am yr Israeliaid yn dychwelyd o'r gaethglud â rhai miloedd o asynnod a channoedd o geffylau.

Roedd gan y Brenin Solomon filwyr lawer oedd yn ymladd mewn cerbydau â cheffylau yn eu tynnu. Mae'n debyg iddo brynu ceffylau o'r Aifft a'u gwerthu i eraill.

Cymerodd pobl Syria ofal mawr o'u ceffylau. Byddent yn addurno'r harnes â chlychau a phatrymau metel wedi eu glynu i'r lledr. Ceir disgrifiad da o geffyl yn Llyfr Job yn yr Hcn Destament. (Gweler y gwahanol gyfeiriadau at anifeiliaid a'u lleoliad yn y Beibl ar ddiwedd y bennod hon.)

Y Gwningen

Nid oes sicrwydd hollol mai cwningod fel y cyfryw a gyfeirir atynt yn y Beibl. Yn ôl y disgrifiad a geir yn Salm 104, mae'r anifail yn fwy tebyg i fath o fochyn daear a ymgartrefai yn y creigiau.

Y gair Saesneg amdano yw'r 'coney' neu 'hyrax'. Mae'r anifail yr un maint â'r gwningen ac iddo'r un gallu i redeg yn gyflym iawn pan fo mewn perygl. Mae ganddo glustiau crwn.

Yn annhebyg i'r gwningen nid oes ganddo gartref yn y ddaear, ond cuddia ymhlith y creigiau. Byddai'n byw gydag eraill o'i fath mewn nythfa, a'i fwyd oedd mathau gwahanol o wair a llysiau amrywiol. Mae gan yr anifail arferion tebyg i'r gwningen.

Y Siacal

Math o gi gwyllt yw'r siacal. Yng ngwlad Palesteina ar fin yr anialwch ceir llawer ohonynt yn byw gyda'i gilydd mewn ogofau bychain.

Byddant yn hela gyda'i gilydd gan gadw llygad am ambell ddafad, neu oen, neu fyn-gafr a grwydra oddi wrth y praidd. Weithiau, bwytânt anifeiliaid bychain eraill ac adar.

Yn yr Hen Destament ceir amryw ddisgrifiadau o fannau anghysbell lle trigai'r siacal. Yn Llyfr Jeremeia ceir cymhariaeth rhwng y siacal ac asynnod gwylltion. Yn ddiweddarach mae'n debyg i adfeilion Babylon fod yn gartref i'r siacal.

Petaech yn gweld siacal cyffredin gwlad Iesu, fe welech fod ganddo got felynddu a brown a'i fod tua'r un maint â'r ci. Creant dipyn o ddychryn i bobl yn y nos gyda'u hudo.

Y Llew

Mae yn y Beibl nifer o storïau adnabyddus am y llew. Efallai bod mwy o gyfeiriadau at y llew na'r un anifail arall.

Pan oedd Samson yn fachgen ifanc lladdodd lew. Cofiwch i Ddafydd ddweud wrth Saul am y llew a ddygodd un o'i ŵyn, a sut y bu iddo yn y diwedd ladd y llew. Arferai pobl baratoi twll dwfn yn y ddaear, a'i orchuddio â brigau a dail, ac aros nes i lew syrthio iddo.

Disgrifir yn Llyfr Job sut y bu'r llew farw o eisiau bwyd am iddo fynd yn rhy hen i hela.

Heb os, stori fwyaf adnabyddus yr Hen Destament i gyd yw'r stori am Daniel yn ffau'r llewod.

ADAR

Y Golomen

Ceir hanesion lawer am y golomen yn y Beibl. Yn wir, yn fwy na'r un aderyn arall.

Yn Llyfr Genesis cofiwn i Noa anfon colomen deirgwaith allan o'r arch i weld a oedd y dŵr wedi gostwng. Y tro cyntaf, dychwelodd y golomen – *'Ni chafodd le i orffwyso gwadn ei throed.'* Wedi saith niwrnod anfonodd hi eilwaith.

'Pan ddychwelodd y golomen ato gyda'r hwyr, yr oedd yn ei phig ddeilen olewydd newydd ei thynnu' (Genesis 8.11), yn golygu fod y dŵr yn dechrau gostwng a phen y coed wedi dod i'r amlwg unwaith eto. Y drydedd waith ni ddychwelodd hi o gwbl.

Yn yr ail bennod o Ganiad Solomon, *'gwelwyd y blodau ar y ddaear, daeth amser i'r adar ganu, clywyd llais y durtur yn ein gwlad'* (Caniad Solomon 2.12). Bu'r colomennod yng ngwledydd y de dros y gaeaf, ond bellach, wedi dychwelyd i'r wlad gan ei bod hi'n wanwyn eto.

Yn Llyfr Eseia mae Heseceia yn sôn am ei farwolaeth ac yn cyfleu ei dristwch wrth ddweud *'griddfenais megis colomen'* (Eseia 38.14). Dywedir mai cân drist sydd gan y golomen.

Yn amser Iesu, cofiwn yn ystod ci ymweliad â'r deml iddo ddymchwel y byrddau *'a chadeiriau y rhai oedd yn gwerthu colomennod'* (Mathew 21.12).

Cofiwn hefyd, cyn i weinidogaeth Iesu ddechrau daeth at Afon Iorddonen, a chafodd ei fedyddio gan Ioan Fedyddiwr, ac wedi i Iesu ddod allan o'r dŵr, '*disgynnodd yr Ysbryd Glân arno mewn ffurf gorfforol fel colomen*' (Luc 3.22). Mae'n debyg fod y golomen yn arwydd o dangnefedd.

Yr Eryr

Ceir sawl cyfeiriad at yr eryr yn yr Hen Destament a'r rhain ar ffurf cymariaethau. Gweler rhestr o gyfeiriadau ar ddiwedd y bennod.

Mae maint trawiadol yr aderyn yn sicrhau iddo le amlwg a blaenllaw ymhlith holl adar y byd. Mae ei big a'i draed yn tystiolaethu mai aderyn ysglyfaethus ydyw. Mae ei fysedd hir a'i ewinedd miniog yn ei alluogi i afael mewn anifail a'i gario i'w nyth yn uchel ymhlith y creigiau.

Yn ein gwlad ni dim ond mewn ambell fan yng ngogledd yr Alban y gwelir eryrod heddiw.

Y Gigfran

Dyma'r aderyn a enwir gyntaf yn y Beibl ac mae sôn amdani mewn nifer o fannau. Y cyfeiriad cyntaf yw'r un lle mae Noa yn anfon yr aderyn allan '*hyd oni sychodd y dyfroedd oddiar y ddaear*' (Genesis 8.7).

Yn Llyfr Lefiticus cyfeirir at y gigfran fel un o'r adar aflan. Carthwr yw'r gigfran, yn barod i fwyta anifeiliaid wedi trigo ac yn barod i ymosod ar anifeiliaid diymadferth. Am y rhesymau hyn aeth y gigfran yn aderyn amhoblogaidd i'r Hebrewr.

Yn Llyfr y Brenhinoedd mae sôn am y gigfran yn bwydo'r proffwyd Elias wrth Afon Cerith. Yn ôl yr hanes daeth yr aderyn â bara a chig iddo, a hyn yn y bore a'r hwyr. Roedd afon neu nant yn fan lle gwelid y gigfran yn aml, oherwydd dyma'r lle y câi ddigon o fwyd, sef adar a chreaduriaid bychain. Nid oes unrhyw sicrwydd pa fath o fwyd y cafodd Elias gan yr aderyn.

Cyfeiriodd Iesu at yr aderyn hwn gan ddweud wrth y disgyblion fod Duw yn darparu hyd yn oed ar gyfer hwn.

Y Ciconia neu'r Storc

Yn Llyfr Jeremeia cyfeirir at yr aderyn hwn fel hyn: '*Ie, y ciconia yn yr awyr a edwyn ei dymhorau*' (8.7). Fel sawl aderyn mudol arall, gŵyr y ciconia pan fo'n amser iddo ddychwelyd i Balesteina tua diwedd mis Mawrth, wedi treulio'r gaeaf yn yr Affrig. Caent groeso gan y bobl gan fod eu dychweliad yn arwydd fod y Gwanwyn wedi dod eto.

Aderyn gweddol fawr ydyw, gyda choesau hirion a phig hir fain. Treulia amser ar lynnoedd ac afonydd. Ei brif fwyd yw brogaod, pysgod, madfall, pryfed mawr ac anifeiliaid ymlusgol.

Yn Salm 104 cyfeirir at y ciconia: '*cedrwydd Lebanon a blannwyd, lle mae'r adar yn nythu, a'r ciconia yn cartrefu yn eu brigau*' (Salm 104.17). Efallai i Ddafydd gael cyfle droeon i wylio'r aderyn ar lannau afon yn dal ei fwyd ac yna yn hedeg i gangau uchel y coed.

Yr oedd hi'n anghyfreithlon i fwyta cig y ciconia. Felly hefyd y gigfran.

Yr Estrys

Mae disgrifiad da iawn o'r estrys yn Llyfr Job. Cyfeiria'n arbennig at gyflymdra yr aderyn drwy ddweud, '*hi a ddiystyra y march a'i farchog*' (Job 39.18).

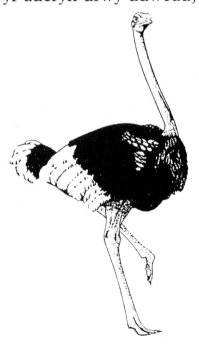

Mae gan yr estrys goesau hir, cyhyrog a gall redeg ar gyflymdra o tua chwe deg milltir yr awr. Dau fys yn unig sydd ar ei droed a'r rhain yn cynnwys ewinedd byr di-fin. Gall amddiffyn ei hun gyda'i goesau, ei draed a'i big, gan fod y rhain i gyd yn gryf iawn.

Yn y Beibl cysylltir yr aderyn â lleoedd gwyllt, anial. Gan amlaf ei fwyd yw llysiau, ond pan fydd angen arno, bydd yn bwyta nadroedd, ymlusgiaid, adar bach a phryfed.

Y Wennol a'r Wennol Ddu

Cyfeirir at yr adar hyn yn Llyfr Jeremeia fel arwydd o'r tymhorau gwahanol.

Yn Salm 84 dywedir: *'Aderyn y tô hefyd a gafodd dŷ a'r wennol nyth iddi, lle y gesyd ei chywion'* (Salm 84.3).

Mae tywydd cynnes gwlad Palesteina yn addas iawn i fywyd y wennol, nid o safbwynt ei bwyd yn unig, ond hefyd yr hwylustod i wneud ei chartref.

Mae digonedd o bryfed ar gael, ac heb os, mae'r wennol yn ffrind da i drigolion y wlad gan ei bod yn bwyta gymaint o'r pryfed a wna ddifrod i'r cnydau. Mae nifer o adeiladau'r wlad heb ffenestri o gwbl, a hyn oherwydd poethder y tywydd. Rhydd hyn gyfle da i'r wennol nythu tu mewn i adeilad, allan o wres tanbaid yr haul, a pherffaith ryddid i fynd a dod fel y myn.

PLANHIGION

Y Ffigysbren

Gwyddoch erbyn hyn mai gwlad boeth iawn yw Palesteina. Yn naturiol ddigon felly, croesewir yn fawr unrhyw gysgod sydd ar gael. Yn bennaf rhoddir y cysgod gan adeiladau a choed.

Tŷf y ffigysbren yn goeden tua deg medr o uchder ac oherwydd ei bod yn goeden ddeiliog, rhydd gysgod da oddi wrth wres yr haul. Tŷf ffrwyth arni am tua deg mis o'r flwyddyn.

Dyma eiriau brenin Asyria: *'Gwnewch delerau heddwch â mi, dewch allan ataf, ac yna caiff pob un fwyta o'i winwydden ac o'i ffigysbren'* (2 Brenhinoedd 18.31).

Gwnaethpwyd un o ddau beth â'r ffigys. Naill ai eu bwyta'n ffres, neu eu sychu a'u cadw dros y gaeaf.

Rhoddodd y Brenin Dafydd ddarn o deisen ffigys i Eifftiwr blinedig na chafodd fwyd am dri diwrnod.

Yn Llyfr Samuel rhoddodd Abigail ddau gant o deisennod ffigys i'r Brenin Dafydd fel arwydd o dangnefedd rhyngddynt. Yn ôl yr hanes defnyddiwyd asynnod i gario'r rhain.

Yn ôl hanesion yr Hen Destament defnyddiwyd ffigys fel meddyginiaeth ar gyfer cornwydon. Gosodwyd y ffigys fel powltis ar y clwyf.

Mae'n debyg bod yna ddefnydd hyd yn oed i ddail y ffigysbren. Gwnïwyd hwy at ei gilydd a'u gosod i ddal ffrwythau a llysiau oedd i'w gosod ar werth yn y marchnadoedd.

Y Winwydden

Ceir amryw gyfeiriadau at y winwydden yn y Beibl. Roedd ei ffrwyth o fudd mawr i bobl gwlad Palesteina. Tyfant i fyny dros ffrâm arbennig a ddarparwyd ar eu cyfer. Weithiau gwelir hwy'n tyfu'n agos iawn i'r ffigysbren, a'r gwinwydd yn plethu rhwng eu brigau.

Fel y ceir heddiw mewn ambell wlad, roedd ambell ffermwr yn canol-bwyntio'n arbennig ar dyfu gwinwydd. Gwelwyd llawer gwinllan ar lechwedd y bryniau oherwydd nad oedd y tir yn addas i dyfu'r un cnwd arall. Yn amser yr Hen Destament a'r Testament Newydd, a heddiw yn fwyaf arbennig, mae'r winllan o bwys mawr, oherwydd dyma ffynhonnell gwinoedd y byd. Yn nifer o wledydd poeth y byd dywedir nad yw'r dŵr sydd ar gael yno yn addas i'w yfed, gan fod y cyflenwad dŵr heb ei berffeithio.

Prif ddiod y gwledydd hyn felly yw gwin. Efallai i rai ohonoch fod allan ar gyfandir Ewrop ar eich gwyliau a gwelsoch fod gwin yn rhan anhepgor bob pryd bwyd bron.

Yn yr Hen Destament ceir hanesion am y tlawd yn casglu'r ffrwythau a adawyd ar ôl ar y gwinwydd.

Sathru'r grawnwin o dan draed.

Troi'r grawnwin yn win mewn gwasg.

Bwyteir y gwinwydd yn ffres weithiau neu fe'u sychir. Wedi eu sychu fe'u gelwir yn rhesin a gwyddoch bod eich mam weithiau yn eu defnyddio mewn cacen ffrwythau.

Mae sawl math o winwydd i'w cael. Rhai du neu rhai gwyrdd a werthir gan amlaf. Mae'n bosibl, fodd bynnag cael rhai gwyn. Defnyddir y mathau arbennig i wneud gwinoedd gwahanol.

Palmwydd

Coeden dal denau yw'r balmwydden gydag ychydig frigau a dail yn ei man uchaf. Roedd ei ffrwyth o bwys mawr, yn enwedig yn nyddiau'r Beibl. Gwewyd math o fatiau allan o'r dail, a defnyddiwyd ffibr y goeden i wneud edau a rhaffau llong.

Mae i'r balmwydden gysylltiadau crefyddol. Yn Nheml Solomon, roedd llawer o waith cerfio ar ffurf dail y goeden hon. Y balmwydden yn aml oedd symbol llywodraethwyr Israel.

Yr enw a roddir i Sul y Blodau yn y Saesneg yw 'Palm Sunday'. Sail yr enw yw'r geiriau:

> *'Ac yr oedd eraill yn torri canghennau o'r coed*
> *ac yn eu taenu ar y ffordd.'*
>
> (Ioan 12.12).

Wedi i'r Israeliaid groesi'r Môr Coch daethant i le o'r enw Elim. Yma, tyfai nifer o goed y palmwydd. Yr oedd yno fan ffrwythlon lle ceid deuddeg o ffyn- honnau. O amgylch y rhain tyfai saith deg o goed palmwydd.

Yn nyddiau'r Hen Destament galwyd Jerico yn ddinas y coed palmwydd.

Gwnaethpwyd defnydd helaeth o ddail y palmwydd yn ystod Gŵyl y Pebyll. Defnyddiwyd y dail i wneud pebyll bychain i'r bobl wersylla ynddynt dros yr ŵyl. Diolchent am y cynhaeaf gwenith a ffrwythau.

Ar nifer o ddarnau arian y cyfnod gwelwyd dail y palmwydd a basgedaid o ddatys.

Yr Olewydden

 Dyma'r goeden y cyfeirir ati gyntaf yn y Beibl. Coeden fythwyrdd yw'r olewydden. Mae ganddi ddail llwyd-wyrdd a bwyteir ei ffrwyth. Mae yna gyfeiriadau lawer at y goeden yn y Beibl. Ceir sôn am ei phren, ei ffrwyth a'i holew.

Tŷf y coed yn dda yn nhir caregog gwlad Palesteina. Weithiau gwelir hwynt ar ffurf llwyn ac weithiau fel coed tua chwech neu ddeg medr o uchder.

Ceir mesur da o olew o'i ffrwythau. Wedi casglu'r ffrwythau, gwesgir hwy er mwyn cael yr olew ohonynt. Roedd amryw ddefnyddiau i'r olew yn nyddiau'r Beibl. Felly heddiw hefyd.

Defnyddir ef i goginio bwyd, i'w gynnau mewn lamp i roi golau, ac i'w gymryd fel moddion.

Ceir sôn yn Llyfr Samuel am Samuel ei hun yn eneinio pen y darpar frenin, sef Dafydd, ag olew.

Yn ôl disgrifiadau'r Hen Destament gwnaethpwyd drysau a physt Teml Solomon o bren yr olewydden.

Mae Mynydd yr Olewydd yn amlwg yn hanes Iesu yn ystod wythnos olaf ei fywyd. Ar Fynydd yr Olewydd mae Gardd Gethsemane.

Cedrwydden

Coeden fythwyrdd yw hon eto. Gwneir defnydd helaeth o'r pren heddiw. Efallai bod gan eich tad sied neu dŷ gwydr o'r pren hwn. Y rheswm pennaf am wneud cymaint o ddefnydd ohono yw fod ei liw yn hardd, ac mae iddo oes hir yn enwedig os caiff ei drin ag olew arbennig i'w gadw rhag y tywydd.

Tŷf y coed hyn tua chwe neu saith medr o uchder er bod yna fath arbennig ohonynt a elwir yn Gedrwydd Libanus. Tŷf y rhain tua deugain medr o uchder. Gwnaed defnydd helaeth o'r pren i adeiladu Teml Solomon a phlas i'r Brenin Dafydd. Torrwyd y coed ar y bryniau a'u cludo i lawr yr afon o Tyrus i Jopa.

Oherwydd bod y coed yma yn fythwyrdd a'r pren yn gadarn, dywedwyd fod y pren yn debyg i bobl gyfiawn oedd yn gyson yn eu ffydd yn Nuw.

Y Banadl

Dyma lwyn a dyfai yn yr anialwch. Tyfai yn ddigon mawr weithiau i roi cysgod i deithwyr rhag yr haul.

Mae amryw gyfeiriadau ato yn y Beibl ond yn aml rhoddid enw gwahanol arno. (Gweler y cyfeiriadau ar ddiwedd y bennod hon.)

Y Dderwen

Cyfeirir at hon mewn sawl man yn y Beibl. Cysylltid hi â man crefyddol, â digwyddiad arbennig neu berson.

Planwydden a choed eraill

Yr un math yw hon â'r sycamorwydden. Yn Llyfr Genesis mae hanes am Jacob yn twyllo ei ewythr Laban. Defnyddia frigau coed i rannu'r defaid gweiniaid oddi wrth y rhai cryfion.

Y Sycamorwydden

Nid yr un yw hon â'r goeden a geir yn ein gwlad ni. Roedd i hon hefyd oes hir ac mae'n debyg i ddefnydd helaeth gael ei wneud o'r pren. Gan fod y pren yn cadw mor dda, defnyddiwyd ef i wneud arch i'r marw. Yn ôl llyfrau hanes dywedir i sawl arch a wnaethpwyd o'r pren hwn gadw am dair mil o flynyddoedd!

Yr Helygen

Coeden gyffredin yw hon yng ngwlad Palesteina ac i'w gweld gan amlaf yn agos i afon neu lyn. Defnyddiwyd brigau'r helyg gan yr Iddewon mewn nifer o'u gwasanaethau crefyddol.

Hesg

Nid oes angen nodi mai stori fwyaf adnabyddus yr Hen Destament yw stori Moses pan oedd yn faban. Cofiwch i'w fam guddio ef mewn cawell ymysg yr hesg ar fin yr afon, oherwydd gorchymyn Pharoh, i fwrw pob bachgen newydd ei eni i'r afon.

Math o gorsen oedd yr hesg. Gwnaethpwyd basgedi o hesg wedi ei sychu. Nid dyma'r unig enw a roddwyd i'r planhigyn. Gelwid ef weithiau yn blanhigyn papyrus ac allan ohono y cafwyd y defnydd cyntaf i wneud papur.

Balm Gilead

Mae'n debyg nad oes yna gysylltiad o gwbl rhwng y balm a'r lle o'r enw Gilead. Math o foddion neu antiseptic oedd y balm, a gwnaed ef allan o risgl rhyw goeden fythwyrdd. Mae yna gyfeiriad at y balm yn Llyfr Jeremeia (8.22).

Arogldarth

Math o bowdr oedd hwn a wnaed o wahanol fathau o lud sbeis. Llosgid yr arogldarth ar allor a chodai'r mwg i'r awyr fel offrwm i Dduw. Yn nyddiau'r Hen Destament roedd yna allor arbennig ar gyfer llosgi'r arogldarth. Yng nghyfnod y Testament Newydd hefyd roedd y llosgi yn symbol o weddïau'r bobl.

Nard

Eli drud iawn oedd hwn, wedi ei baratoi o wreiddiau a choesau'r planhigyn sy'n tyfu yn India, Nepal, Bhutan a dyffrynnoedd Tiber.

Arferai'r Rhufeiniaid rwbio hwn yn y pen. Cofiwch pan oedd Iesu yn nhŷ Simon y gwahanglwyf i wraig ddod a thorri blwch o nard gwlyb gwerthfawr ar ei ben ef. Yn yr un modd defnyddiodd Mair, chwaer Martha a Lasarus, y nard i eneinio traed Iesu gan eu sychu â gwallt ei phen.

Ysgall a Drain

Planhigion gwyllt â phigau main iddynt yw'r rhain. Tyfant yn wyllt ar dir caregog a chreigiog gwlad Palesteina. Gwelir blodau porffor ar un math ohonynt a blodau melyn ar fath arall.

Defnyddir hwynt weithiau i ddisgrifio sut y bydd drwg yn amharu ar y da. Symbol o bethau neu o bobl ddiwerth.

Defnyddiwyd drain wedi eu sychu i gynnau tân. Efallai y gwelsoch chi eithin sych yn cael ei losgi yn yr haf yn y wlad hon. Gwna dân poeth iawn am gyfnod byr o amser.

Cofiwch i Iesu Grist gael coron o ddrain gan filwyr Rhufain. *'A'r milwyr a blethasant goron o ddrain ac a'i gosodasant ar ei ben ef'* (Mathew 27.29).

Gwenith ac Efrau

Roedd gwenith yn amser y Beibl yn un o'r cnydau pwysicaf. Mae hyn yn wir o hyd. Mae'n hanfodol cael cnwd da o wenith yng ngwledydd y byd i sicrhau digon o fwyd.

Yn amser y Beibl gan amlaf malwyd y gwenith i flawd i wneud bara, ond weithiau rhostiwyd yr hadau a'u bwyta.

Hadau o blanhigion gwyllt oedd yr efrau. O ran maint a siâp roeddent yn debyg i wenith. Cewch hanes manylach yn y bennod ar y damhegion.

Llin (Cywarch)

O'r planhigyn hwn y daw lliain. Yng nghyfnod y Beibl tyfwyd ef yn yr Aifft ac yng ngwlad Canaan. Gosodwyd ffeibr y planhigyn naill âi i aros mewn dŵr am gyfnod neu i sychu yn yr haul. Yna cribwyd ef a'i nyddu yn edau lliain. Câi hwn wedyn ei wau i frethyn a rhaffau lliain.

Gwisgwyd y lliain gorau gan offeiriaid Iddewig. Mae'n debyg i lenni'r Tabernacl gael eu gwneud o liain â phatrymau hyfryd arno.

Gwnaethpwyd hwyliau llongau a thapiau mesur o'r planhigyn a defnyddiwyd rhan arwaf y planhigyn fel pabwyr i lampau olew.

Llysiau

Yn amser y Beibl defnyddiwyd llawer o'r rhain i baratoi bwydydd gwahanol ac fel moddion.

Talwyd trethi ar rai o'r llysiau. Beirniadodd Iesu y Phariseaid am 'dalu degwm o fintys, a'r rhyw a phob llysieuyn', na rhoi eu hamser i addoli Duw. (Luc 11.42), (Marc 23.23).

Nid oedd mintys Palesteina yn anhebyg i'r mintys a dyfwn ninnau yn ein gerddi yn y wlad hon.

Defnyddiwyd ffennigl fel moddion ac i roi blas arbennig i fwydydd.

Cyfeiriodd Iesu at yr hedyn mwstard a dweud mai'r lleiaf o'r hadau ydoedd, ond wedi iddo dyfu deuai'n llwyn mawr gan ddarparu lle i adar wncud cu nythod ynddo. Gwneud cymhariaeth ydoedd rhwng yr hedyn a thyfiant Ei Deyrnas Ef.

Roedd yna draddodiad ymhlith y Genedl Iddewig o fwyta llysiau chwerw gyda bara yn ystod Gŵyl y Bara Croyw i'w hatgoffa o chwerwder caethwasiaeth yr Aifft.

Blodau'r Maes

Yn y gwanwyn mae caeau gwlad Palesteina yn frith o flodau lliwgar. Ceir y rhain hefyd ar lechweddau isaf y bryniau ac ar ochr y ffyrdd.

Pan oedd Iesu'n fachgen ifanc mae'n sicr iddo gerdded ar hyd llwybrau a bryniau ei ardal. Cyfarwyddodd â byd natur o'i gwmpas, nid yn unig y blodau, ond y coed, yr adar a'r anifeiliaid. Yn ddiweddarach yn ei fywyd cafodd gyfle i gyfeirio atynt yn ei bregethau a'i ymgom.

Pan sonnir am y lili yn y Beibl credir i'r enw gael ystyr cyffredinol. Nid cyfeirio at yr un blodyn yn arbennig a wna, ond at y rhosyn, y daffodil, blodau'r cleddyf a'r jasmin. Gwyddoch i Iesu gyfeirio'n arbennig at y lili a dweud ei bod yn brydferthach o lawer na hyd yn oed Solomon yn ei wisgoedd brenhinol.

Yn Salm 103 ceir cymhariaeth hyfryd rhwng blodau'r maes a bywyd dyn, a dywedir mai am gyfnod yn unig yr ydym ninnau, bob yr un ohonom, ar y ddaear. Cawn gyfle i flodeuo a harddu'r wlad â'n bywyd. Oes rhywbeth amgenach i ni na diflannu oddi ar wyneb y ddaear?

Cadarnhaodd yr Arglwydd Iesu hyn yn ei Bregeth ar y Mynydd a sonia am flodeuyn y maes wedi gorffen blodeuo yn cael ei fwrw i'r ffwrn.

Yn nyddiau Iesu ffwrnesi o garreg neu o fricsen oeddynt, ac yn aml iawn llosgwyd nifer o bethau yn y ffwrn, gan gynnwys blodau gwywedig, brigau'r coed a glaswellt. Mae yna gyfeiriad yn y Beibl at ddrain yn cracio yn fflamau'r tân wrth i'r fam goginio bwyd.

Gerddi Gwlad Palesteina

Nid yw gerddi gwlad Palesteina fel ein gerddi ni yn y wlad hon. Efallai y cawsoch gyfle i siarad â pherson fu yn y wlad honno. Oherwydd y sychder a'r gwres, anodd iawn tyfu amrywiaeth da o lysiau. Fel yr eglurwyd eisoes yn y bennod hon, gan amlaf dim ond ambell goeden a phlanhigyn grawn a welwyd yng ngerddi y mwyafrif o drigolion y wlad.

Ceir hanes yn Llyfr y Brenhinoedd am y Brenin Ahab yn gofyn i Naboth am roddi iddo ei winllan er mwyn iddo ei throi yn ardd lysiau (1 Brenhinoedd 21.2).

Gardd Gethsemane yw'r enwocaf o holl erddi'r Beibl er nad gardd fel y cyfryw ydoedd. Ystyr y gair Gethsemane mae'n debyg oedd 'lle'r gwas olew'. Yn yr ardd tyfai nifer o goed olewydd.

Defnyddiwyd nifer o'r gerddi fel mynwent i gladdu aelodau'r teulu. Cofiwch i Iesu gael bedd mewn gardd o eiddo Joseff o Arimathea.

Problem fwyaf gwlad Palesteina oedd cyflenwad digonol o ddŵr. Mae'r diffyg hwn yn parhau i fod yn un o broblemau mwyaf gwledydd poeth y byd. Yn amser y Beibl caed y dŵr naill ai o afon neu o ffynnon.

mochyn

cath

milgi

ci

carw

ysgyfarnog

afonfarch

cadno

llygoden

ystlum

mochyn daear

twrch daear

ffured

hebog

tylluan

ceiliog   iâr

malwoden

petrisen

poplysen

merywen

cypreswydden

morgrugyn

gwyfyn

corryn

gwenynen

cleren

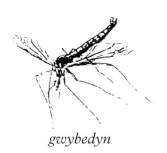

gwybedyn

chwannen

ceiliog y rhedyn

cacynen

cynrhonyn

CYFEIRIADAU

Aderyn, Anifail neu Blanhigyn	Cyfeiriad yn y Beibl
Mochyn	Luc 15:15, Mathew 7:6
Cath	Baruch, Apocryffa 6:22
Milgi	Diarhebion 30:31
Ci	Barnwyr 7:7, Mathew 15:27
Carw (Hydd)	Deut. 14:5
Afonfarch	Job 40:15
Dafad	Genesis 13:2,3, Salm 23 Luc 15: 3-7, Ioan 10:1-18
Cadno	Barnwyr 15:4, Mathew 8:20
Gafr	Exodus 26:7, 1 Samuel 24:12, Luc 15:29
Llygoden	Lefiticus 11:29, Eseia 66:17
Asyn	Genesis 22:3, Job 1:3 a 39:5,8 Barnwyr 5:10, Mathew 21:2,5,7
Ysgyfarnog (Ceinach)	Lefiticus 11:6, Deut. 14:7
Camel	Genesis 31:34 1 Samuel 30:17, Mathew 3:4
Ystlum	Lefiticus 11:19, Eseia 2:20
Ceffyl	Josua 17:16. 2 Samuel 8:4 Esra 2:66, Brenhinoedd 4:26 Job 39:19-25
Cwningen	Diarhebion 30:26, Salm 104:18
Mochyn Daear	Exodus 20:14, Eseciel 16:10
Siacal	Jeremeia 9:11 a 34:13, Eseia 14:6
Twrch Daear	Lefiticus 11:30
Llew	Barnwyr 14:5,6, Job 4:11, 1 Samuel 17:36 Daniel 6, 2 Samuel 23:20

Ffured	Lefiticus 11:30
Colomen	Genesis 8:8, Eseia 38:14
	Caniad Solomon 2:12
	Mathew 3:16 a 21:12
Hebog	Job 39:26
Eryr	Jeremeia 49:16, Job 39:27-30
	Obadeia ad. 4, Eseia 40:31
	Datguddiad 4:7
Cigfran	Genesis 8:7, Lefiticus 11:15
	Diarhebion 30:17, Job 38:41
	1 Brenhinoedd 17:4,6
	Caniad Solomon 5:11, Eseia 34:1
	Luc 12:24, Salm 147:9, Seffaneia 2:14
Tylluan	Job 30:29, Salmau 102:9
Petrisen	1 Samuel 26:20
Iâr	Mathew 23:37
Ceiliog	Mathew 26:34, Marc 13:35
Estrys	Job 39:13-19
Ciconia	Jeremeia 8:7, Salm 104:17
	Lefiticus 11:19
Gwennol	Salm 84:3, Jeremeia 8:7
	Eseia 38:14, Diarhebion 20:2
Malwoden	Lefiticus 11:30, Salm 58:8
Ffigysbren	1 Brenhinoedd 4:25, Samuel 25:18
	2 Brenhinoedd 20:7, Numeri 13:23, 20:5
	Deuteronomium 8:8,1
	Samuel 25:18, 30:1, 2 Brenhinoedd 20:7
	Caniad Solomon 2:13
	Eseia 28:4, 34:4, 38:21
	Habacuc 3:17-18, Jeremeia 24:1-9
	Ioan 1: 48-50, Datguddiad 6:13
Merywen	1 Brenhinoedd 19:4

Gwinwydden	Eseia 5:2,5, Salm 80: 8-12
	Eseia 16:10, 63: 2,3, Lefiticus 19:10
	Jeremeia 48:33, Marc 12:1
Palmwydd	Jeremeia 10:5, Salm 92:12-14
	Deuteronomium 34:3, Lefiticus 23:40
	Exodus 15:27, Barnwyr 1:16
	1 Brenhinoedd 6:29,32,35, 7:36
	2 Cronicl 28:15, Nehemeia 8:15
	Ioan 12:13, Datguddiad 7:9
Poplysen	Genesis 30:37, Hosea 4:13
Olewydden	Genesis 8:11, Deteronomium 24:20
	Exodus 27:20, 1 Samuel 16:13
	1 Brenhinoedd 6:31,32, Exodus 23:11
	Deuteronomium 6:11, 8:8
	1 Samuel 8:14, Job 15:33, Salm 128
	Jeremeia 11:16, Hosea 14:4-7, Luc 10:34
Pren Bocs	Eseia 41:19, 60:13
Cypryswydden	Eseia 44:14
Cedrwydden	2 Brenhinoedd 19:23, Eseia 14:8, 37:24
	2 Samuel 5:11, 1 Cronicl 14
	1 Brenhinoedd 6a 7, 2 Brenhinoedd 14:9
	Eseia 41:19, Numeri 19:6
	Salm 29:5, 92:12, Eseciel 31:3-9
	Eseciel 17:3
Banadl	1 Brenhinoedd 19:5, Job 30:4, Salm 120:4
Derwen	Genesis 12:6, 13:18, 35:4,8
	2 Samuel 18: 9-10, Eseia 6:13, 44:14
	Hosea 4:13, Sechareia 11:2
Sycamorwydden a choed eraill	Genesis 30:37-43, Eseciel 31:8
	1 Brenhinoedd 10:27, 1 Cronicl 27:28
	Salm 78:47, Eseia 9:10, Amos 7:14
	Luc 19: 4-7, Nehemeia 8:15
Helygen	Lefiticus 23:40, Job 40:22, Salm 137:2
	Eseia 15:7, 44:4, Eseciel 17:5

Hesg	Exodus 2:3, Esaia 18:2, Jeremeia 36:2
	Eseciel 40:3,5, Datguddiad 21:15
Balm Gilead	Jeremeia 8:22, 46:11
Arogldarth	Exodus 30:1, 7-9, 34-38
	1 Brenhinoedd 9:25, Salm 141:2
	Hosea 11:1-2, Luc 1:8-10
Nard	Caniad Solomon 1:12, 4:13-14
	Marc 14:3, Ioan 12:3
Ysgall a Drain	Genesis 3:18, Job 31:40
	Diarhebion 26:9, Eseia 9:18, 34:13
	Hosea 10: 8, Mathew 7:16, 13:7
	22, Marc 4:7, 18., 15:17, Ioan 19:2
	Epistol at yr Hebreaid 6:8
Gwenith ac Efrau	Exodus 34:22, Barnwyr 6:11, Ruth 2:3
	1 Cronicl 21:20, Eseia 28:25., Amos 8:5
	Mathew 3:12
Llin (Cywarch)	Exodus 9:31, 26:1, Josua 2:6, Eseia 19:9
	Exodus 28., Diarhebion 31:13,19,22
	Barnwyr 15:14., Eseciel 40:3
Llysiau	Deuteronomium 14:22, Eseia 28:25
	Exodus 12:8, Luc 11:42., 13:19
Blodau'r Maes	Salm 103:15,16., Mathew 6:28, 30

Pryfedyn

Morgrugyn	Diarhebion 6:6-8, 30:25
Gwenynen	Barnwyr 14:8, Salm 118:12
Cleren	Exodus 8:21
Gwybedyn	Mathew 23:24
Ceiliog y Rhedyn	Barnwyr 6:5
Cacynen (Picwnen)	Exodus 23:28, Josua 24:12
Gwyfyn	Job 13:28, Mathew 6:19
Corryn	Diarhebion 30:28, Eseia 59:5
Cynrhonyn	Eseia 66:24, Marc 9:44
Chwannen	1 Samuel 24:14

Pennod 5

Y Geni

Yn nhalaith uchaf y wlad, sef Galilea, yr oedd Nasareth, pentref bychan ymhlith y mynyddoedd. Yma yr oedd cartref Joseff a Mair.

Soniwyd yn y drydedd bennod am yr Ymerodraeth Rufeinig, ac am y cyfleusterau lawer a gafodd bobl y wlad. Cofiwch inni sôn am y dreth a osodwyd ar y bobl i'w thalu i'r Ymerodraeth i gynnal y cyfleusterau hyn.

Pan oedd Augustus Cesar yn bennaeth ar yr Ymerodraeth Rufeinig penderfynodd gael cofrestr o bobl y wlad, ac felly rhaid oedd i bob un fynd i'w ddinas ei hun. Yr oedd Joseff yn enedigol, nid o Nasareth, ond o bentref arall yn nhalaith Jwdea, sef Bethlehem. Bu'n rhaid iddo ef a'i wraig, neu'n hytrach ei ddarpar-wraig, fynd yno i osod eu henwau ar y gofrestr.

Wedi teithio'r holl ffordd o Galilea i lawr i Fethlehem yn Jwdea, daethant i sylweddoli fod y pentref yn llawn o bobl ddieithr. Ar hyd y blynyddoedd yr oedd cannoedd o bobl wedi eu geni ym Methlehem. Yr oeddynt wedi casglu yno ar orchymyn yr Ymerawdwr yn Rhufain.

Oherwydd eu bod ymhell o'u cartrefi, ac am mai cerdded neu farchogaeth oedd y dulliau arferol o deithio, rhaid oedd cael llety am y nos. Chwiliodd Joseff a Mair am le i aros, ond cawsant bob llety yn llawn.

Myfyrdod

Dim lle yn y llety! Onid yw'n wir ein bod ar dro yn barod i drin a thrafod dysgeidiaeth Iesu mewn Ysgolion Sul a Dosbarthiadau Beiblaidd, yn barod i ganu clodydd Iesu mewn oedfaon a Chymanfaoedd Canu, ond yn hwyrfrydig i roi lle i'w egwyddorion blaenaf ar ein haelwydydd ac yn ein bywydau personol o ddydd i ddydd?

Oni ddylid rhoi lle i Grist ar ein haelwyd?

Pam fod 'na gyndynrwydd i yngan ei enw? Pam y cauwyd ef allan o'n cartref – lle sy' mor agos at ei galon? Pam yr alltudiwyd ef o'r aelwyd – meithrinfa bywyd, lle plethwyd rhaffau teuluoedd Cristnogol? A fydd iddo le bellach yn llety'r enaid, ac yn ystafelloedd dirgel ein bywyd personol?

Codwyd temlau urddasol, cynlluniwyd seremonïau a defodau ysblennydd, cyflwynwyd credoau mawr. Ond beth yw desyfiad Crist? Ai dyma a ddwedai:

'Nid datganiad dy gredo a ofynnaf gennyt ond dy ymddireidaeth bersonol, ddilys. Nid dy eiriau a geisiaf ond dy galon.'

Dim lle yn y llety! A ail-adroddir profiad y Nadolig cyntaf hwnnw heddiw, a hynny mewm termau real iawn? A oes lle iddo o gwbl yn y man hwnnw y carai ef fod?

Seren arian Eglwys yr Enedigaeth ym Methlehem.

"Hic De Virgine Maria Jesus Christus Natus Est".
("Yma y ganwyd Iesu Grist o'r Forwyn Fair").

'Gosod, O Fair, Dy seren yng nghanol tywyllwch nef,

A dangos â'th siart y llwybr yn ôl at Ei ewyllys Ef,

A disgyn rhwng y rhaffau dryslyd, a rho dy law ar y llyw,

A thywys ein llong wrthnysig i un o borthladdoedd Duw!'

**(pennill olaf o'r gerdd 'Ar Gyfeiliorn',
D. Gwenallt Jones)**

* * *

Serch y teitl o dan y darlun, nid oes unrhyw sicrwydd lle ganed Iesu Grist – mewn stabl neu feudy anifeiliaid. Dywedir bod mynachdy ar safle'r stabl. Dywed rhai mai math o ogof ydoedd. Pe bai'n bosibl i ni fynd i wlad Canaan heddiw caem gyfle i weld mewn cornel neilltuol o'r ogof dywyll hon, allor brydferth wedi ei chodi ac wedi ei goleuo nos a dydd gan oleuadau yn dynodi safle'r hen breseb. Yn ysgrifenedig ar feini mae geiriau yn dangos mai yn y fan honno y ganwyd y baban Iesu. Wedi ei rwymo mewn cadachau, sef llieiniau gwyn a rwymid am fabanod gan famau Iddewig, dodwyd y baban bach i gysgu ar wely gwair yn y preseb. Fel nifer fawr o ddynion mwya'r byd ganed Iesu mewn amgylch-iadau cyffredin a thlawd. Nodweddwyd bywyd Iesu hefyd, gan y math hyn o ddinodedd a gostyngeiddrwydd, elfennau annatod o'i gymeriad. Mae'n debyg y perthynai Iesu i linach brenhinoedd Jwda, a dywedir bod Dafydd a Solomon ymhlith ei gyn-deidiau.

Yr oedd pobl Bethlehem wedi cysgu a'r ddinas yn dawel. Tu allan i'r ddinas ar y mynyddoedd cyfagos, yr oedd bugeiliaid yn gwylio'u praidd drwy'r nos rhag i fleiddiaid eu llarpio.

Yn sydyn, goleuodd yr awyr a chafodd y bugeiliaid neges gan angel yn eu hysbysu am enedigaeth Iesu ym Methlehem. Gydag ymadawiad yr angel, trôdd y bugeiliaid i gyfeiriad Bethlehem i chwilio am y baban Iesu. Wedi iddynt gyrraedd y preseb, tybed a fu rhai ohonynt yn meddwl yr adeg honno mai hwy oedd y cyntaf i ymweld â'r Bugail Da ei hun?

Nid bugeiliaid yn unig a fu'n gweld y baban. Daeth tri gŵr o'r dwyrain i'w weld. Yr oedd gan y tri hyn waith rhyfedd iawn. Astudio'r sêr oedd eu gwaith. Yr oeddynt wedi astudio'r nen am flynyddoedd bellach, ond, y noson honno, gwelsent seren newydd na welwyd o'r blaen – Seren Bethlehem.

Wedi marchogaeth filltiroedd a chyrraedd Bethlehem, naturiol oedd i'r tri gŵr doeth gredu mai ym mhalas y brenin oedd gweld y Tywysog newydd hwn. Buont yn holi nifer o bobl am y Tywysog newydd, ond ni wyddai neb amdano.

Wedi cyrraedd palas y brenin Herod cawsant groeso cynnes ganddo a holodd hwy am eu neges. Gofynnodd y tri gŵr doeth yr un cwestiwn am dywysog newydd i Herod ag a ofynasant i bobl eraill. Yr oedd gan Herod bedwar mab a rheini yn ddynion gydag awdurdod a chyfoeth.

Ni wyddai Herod lawer am grefydd yr Iddew, ond efallai iddo glywed rywdro am y Meseia – *'yr hwn a fugeilia fy mhobl Israel'* (Mathew 2.6). Yr oedd yn gas ganddo'r newyddion hyn.

Myfyrdod

'Pa le y mae'r Hwn a anwyd?' – dyna gwestiwn y doethion yn stori'r geni. Ond onid camgymeriad dybryd oedd holi'r fath gwestiwn pwysig i'r person anghywir, ac yn y man anghywir? Wrth geisio Iesu daethant o hyd i Herod gyfrwys. Wrth chwilio am faban daethant o hyd i frenin creulon. Nid ar ffordd cyfrwystra a chreulondeb y down o hyd i Grist.

Golau ei seren sy'n ein tywys ato.

> Wrth geisio'r Arglwydd Iesu gweddïwn am:
> ostyngeiddrwydd y bugeiliaid;
> chwilfrydedd y doethion;
> a thystiolaeth yr Efengylwyr.

*   *   *

Cuddiodd ei gasineb oddi wrth y doethion. Gofynnodd iddynt ddychwelyd ato ef wedi cael hyd i'r Mab bychan, fel y gallai ef fynd a'i addoli hefyd.

Daeth y doethion o hyd i'r baban yn y preseb a chyflwynasant anrhegion iddo – aur, thus a myrr. Roedd aur yn anrheg teilwng i frenin. Roedd myrr yn werth-

fawr; defnyddiwyd ef i wneud olew i'r Deml ac yr oedd ganddo arogl hyfryd. Defnyddiwyd thus i'w losgi ar allor y Deml. O ble y cawsant yr anrhegion hyn tybed? Mae'n sicr fod y doethion o'r dwyrain yn treulio rhan helaeth o'u hamser ar lwybrau'r masnachwyr, a gallent gyfnewid yr anrhegion hyn am nwyddau eraill yr oedd eu hangen arnynt.

Myfyrdod

> 'Yn lle aur, rhown lwyr-gred ynddo,
> Yn lle thus, rhown foliant iddo,
> Yn lle myrr, rhown wir 'difeirwch,
> Ac fe'u cymer drwy hyfrydwch'.

> **Ficer Pritchard**
> **(o'i gerdd: 'Awn i Fethlehem')**

*   *   *

Ar ôl cyfnod byr sylweddolodd Herod na ddeuai'r doethion â gwybodaeth iddo ynglŷn â'r baban Iesu. Ni allai ganiatáu i faban fel hwn fyw. Gorchymynnodd i'w filwyr ladd pob baban dan ddwy flwydd oed i sicrhau difetha Iesu.

Roedd Joseff eisoes wedi derbyn cyngor drwy freuddwyd, y dylai ffoi i'r Aifft â'r baban Iesu o afael Herod.

Y Doethion

Pwy yw y rhain sy'n dod
I'r ddinas ar y bryn
Yng ngolau'r seren glaer
Ar eu camelod gwyn?
Brenhinoedd dri yn ceisio crud
Brenin brenhinoedd yr holl fyd.

Blin fu y daith a hir
Heibio i demlau fyrdd
Duwiau y nos a'r gwyll
Dros anghynefin ffyrdd,
Yng ngolau'r seren glaer o hyd
At Dduw y duwiau yn ei grud.

Heibio i'r llety llawn
Heibio i'r llysoedd gwych,
Sefyll a phlygu i'r llawr
Wrth lety llwm yr ych.
A gweled yno yn ei grud
Arglwydd arglwyddi yr holl fyd.

I. D. Hooson

Bugeiliaid a Doethion o'r Dwyrain a gafodd y newyddion cyntaf am Iesu Paham na chafodd pobl flaenllaw'r dref wybodaeth am ddyfodiad Iesu? Efallai nad oedd meddwl a chalon arweinwyr y bobl yn ddigon addas a phur i dderbyn newydd o'r fath, heb osod dirmyg arno. Bu cyfryngau gwahanol yn denu'r sylw cyntaf at Iesu, ond wedi hyn, bu cymeriad a phersonoliaeth Iesu ei Hun yn ddigon i ddenu a chadw sylw dynion arno!

Wedi marwolaeth Herod, dychwelodd Mair a Joseff gyda'u mab i'w gwlad eu hun. Cofiwn mai Archelaus oedd yn llywodraethu ar Jwdea ar ôl ei dad Herod. Pan glywodd Joseff am hyn, penderfynodd mai gwell oedd cadw draw o Jerwsalem. Cymerodd ei wraig a'i fab a dychwelyd i'w hen gartref yn Nasareth.

Yr oedd Joseff yn un o nifer o Iddewon a oedd yn byw y tu allan i Jwdea, a dychwelent i Jerwsalem ar wyliau'r Iddewon. Mae'n debyg, beth bynnag, fod Mair a Joseff wedi mentro gyda'u mab i Jerwsalem, wedi hyn. Cawn sôn am hyn ymhellach yn y bennod nesaf.

Beth am y disgrifiad hwn o'r Ymgnawdoliad?

Duw Mewn Dyn

Ni wyddom am ddim rhyfeddach – Crëwr
Yn crïo mewn cadach;
Yn faban heb ei wanach,
Duw yn y byd fel dyn bach.

Eirian Davies

A beth am y sylw craff dilynol?

'Ac Ef oedd y Gair. Dichon nad oedd y cadachau yn deilwng o'r Ymgnawd-oliad ym Methlehem dref, eithr caed rhwng yr asyn a'r bustach y goruchaf ei achau, ac yng nghanol aerwyau a rhastlau, y Crist o'r Nef.'

Alan Llwyd

Salm y Nadolig

Rhoddwn iddo'r gogoniant,
Arglwydd y greadigaeth
a dyfnder diderfyn ein bod a'n byw,
am iddo osod sêr y bore
yn llachar uwch tywyll fyd,
a'r un seren loyw
i ddangos i ddoethion eu ffordd.

Rhoddwn iddo'r gogoniant,
Rhagluniwr yr heddwch dwfn
a Lluniwr y waredigaeth,
am iddo roi cyfoeth
mewn llety llwm,
ac anfeidroldeb mewn preseb,
nes tynnu bugeiliaid y paith
i ryfeddu'n syn.

Rhoddwn iddo'r gogoniant,
y Gair uwch y geiriau
a'r Ystyr sy'n galon y cread,
am iddo roi lliw ar berthi
a harddwch ar goed,
a'r perffeithrwydd tragwyddol
mewn baban bach.

Rhoddwn iddo'r gogoniant,
Llywydd yr amseroedd
a Pharatöwr y gwyrthiau,
am iddo ddeffro'r gân
ar y bryniau hen,
a dwyn y gobaith i galonnau,
am fod sypyn y gwely gwair
yn ddwyfoldeb i gyd.

Rhoddwn iddo'r gogoniant
am Dywysog tangnefedd,
ac am ewyllys dda ei Nadolig Ef.

W. Rhys Nicholas

Bachgendod Iesu

Dychwelodd Mair a Joseff gyda'r bachgen Iesu i bentref Nasareth yn nhalaith Galilea. Yma y buont fyw o hyn ymlaen, ac yn y pentref hwn y tyfodd y bachgen Iesu fel pob bachgen arall yr adeg honno.

Pentref bach oedd Nasareth ar ochr un o fryniau Libanus. O ben y bryn gerllaw'r pentref gellid gweld ymhell. I'r de yr oedd bryniau Samaria, a Môr y Canoldir a Mynydd Carmel i'r gorllewin. I'r dwyrain yr oedd mynyddoedd uwchben Dyffryn yr Iorddonen, ac i'r gogledd yr oedd Mynydd Hermon â'i gopa yn wyn gan eira.

Pan oedd yn fachgen arferai Iesu edrych lawr o ben y mynydd hwn. Yn agos at odre'r mynydd roedd ffordd masnachwyr a theithwyr, nifer fawr ohonynt yn mynd i Ddamascus. Cafodd y ffordd hon ei gwella gan y Rhufeiniaid.

Gwyddoch fod Iesu yn hoff iawn o fyd natur ac ar ochr y mynyddoedd hyn yr oedd byd natur i'w weld yn ei ogoniant. Tyfai blodau o bob math a chanai adar amrywiol, ac yn crwydro ar y llethrau yr oedd defaid ac ŵyn. Pan dyfodd Iesu'n ddyn ac yn bregethwr soniodd lawer tro am weddau ar natur gan eu cymharu â bywyd dyn.

Y Pentref

Ychydig o bentrefi oedd yn y wlad, a phentrefi bychain oeddynt gan amlaf. Un ystafell yn unig oedd y tŷ, ac roedd y tai yn agos at ei gilydd.

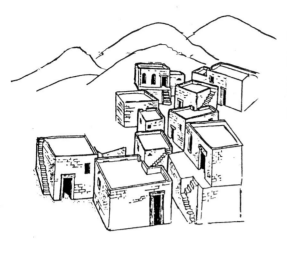

O edrych ar y pentref o bell gwelid bod y strydoedd a'r tai wedi eu hadeiladu'n debyg i risiau i fyny ochr y bryn. Nid oedd gerddi i'r tai ond yn aml byddai gardd fawr y tu allan i'r pentref.

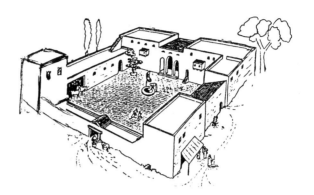

Yr oedd gardd i ambell dŷ mawr gyda wal uchel o amgylch. Tai cyfoethogion oedd y rhain. Cofiwch i Iesu sôn am le tebyg yn nameg y winllan. Mewn tŷ o'r fath yr oedd Sacheus yn byw.

Tai wedi eu hadeiladu o glai oedd y mwyafrif, wedi eu cryfhau â cherrig a choed. Yr oedd tô y tŷ yn wastad, ond yn aml adeiladwyd tô bach crwn ar ben hwn eto. Mae'n debyg y byddai perchennog y tŷ a'i deulu yn cysgu yn hwn ar dywydd poeth. Amcan y tô gwastad oedd darparu lle i'r plant chwarae a lle i sychu cnydau yn yr haul.

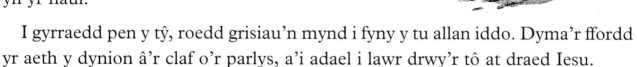

I gyrraedd pen y tŷ, roedd grisiau'n mynd i fyny y tu allan iddo. Dyma'r ffordd yr aeth y dynion â'r claf o'r parlys, a'i adael i lawr drwy'r tô at draed Iesu.

Galwedigaethau

Pan gerddai Iesu o amgylch y pentref gwelai amrywiaeth o bobl, fel masnach-wyr, pysgotwyr, ffermwyr, tlodion yn cardota a gwasanaethwyr y synagog, er enghraifft yr offeiriaid. Yn y dyfodol yr oedd Ef i alw nifer o'r bobl hyn i'w ganlyn.

Prynu a Gwerthu

Mor wahanol yw gwlad Iesu i'n gwlad ni. Yr ydym ni wedi cyfarwyddo â stryd-oedd llydan gyda siopau mawrion a marchnadoedd modern. Tra gwahanol yw strydoedd y pentrefi lle bu Iesu'n blentyn. Strydoedd cul tywyll ydynt gyda stondinau syml bob ochr i'r heol. I nifer fawr o'r siopau mae tô cynfas i gadw'r nwyddau a'r bobl rhag gwres yr haul.

Mamau a welir yn siopa yn nhrefi'r wlad hon, ond ym Mhalesteina y dynion sydd i'w gweld yn cerdded o gwmpas y strydoedd. Dynion yw'r siopwyr hefyd. Diddorol yw cerdded o stondin i stondin yng ngwlad Iesu. Nid oes ffenestr i'r un siop, ond yn y trefi mwyaf fel Jerwsalem. Mae drysau mawr i bob siop, a phan yw'r rhain yn lled y pen agored gall pobl sy'n cerdded heibio weld pob peth sydd y tu mewn. Gosodir y ffrwythau, y bwyd a'r dillad ar silffoedd mewn modd tebyg iawn i siopau'r wlad hon, a'r ffrwythau wedi eu trefnu ar ffurf pyramid.

Wrth gerdded ar hyd y strydoedd gellid gweld y newidwyr arian gyda phileri o arian gwahanol ar y bwrdd o'u blaen. Weithiau byddai ganddynt flychau ac adran i bob math o arian. Mae pobl o wledydd y byd yn hoffi gweld Jerwsalem. Mae'r cyfnewidwyr arian heddiw yn onest, ond tra gwahanol oedd y rhai a anfonwyd allan o'r Deml gan Iesu!

Yn amser Iesu roedd wal yn amgylchynu Jerwsalem a chlwyd yma a thraw ynddi, fel y gallai pobl fynd i mewn ac allan drwyddynt. Mae'r wal i'w gweld hyd y dydd heddiw yn yr hen ran o Jerwsalem. Tu allan i wal y ddinas, yn y mannau agored y gwelir y marchnadoedd mwyaf. Yn y marchnadoedd hyn heddiw y mae'r mwyafrif o dadau'r plant yn gweithio, yn gwerthu bara a diod a phapur dyddiol i ymwelwyr y ddinas.

Wal o gwmpas yr hen ran o Jerwsalem.

Bydd rhai o'r dynion yn glanhau esgidiau. Gwelir eraill yn sefyll yma a thraw yn eu cerbydau yn aros i ddwyn pobl i leoedd fel Bethania a Bethlehem. Yn y rhan newydd o Jerwsalem mae traffig a thrafnidiaeth yn debyg i'r hyn a geir yn y wlad hon, ond mae'r heolydd yn lletach a'r siopau yn fawr.

Chwarelwyr

Gwlad garegog yw gwlad Iesu. Mae nifer fawr o ddynion gwlad Canaan yn gweithio mewn chwareli. Defnyddir cerrig i adeiladu tai ac i wneud heolydd. Mae'r chwareli yn aml mewn mannau anghysbell a'r unig ffordd o gludo'r cerrig o'r chwarel yw mewn basgedi, a'r dynion yn eu cario. Dyma'r ffordd y cludwyd cerrig yn amser Iesu.

Y cyfoethogion sy'n adeiladu tai o gerrig yng ngwlad Iesu, hyd yn oed heddiw.

Ffatrïoedd

Mae nifer o ffatrïoedd yng ngwlad Canaan heddiw, a gwneir amryw bethau ynddynt, fel dillad, nwyddau plastig, esgidiau, peiriannau, a chyfarpar gwahanol. Mae rhai o'r ffatrïoedd yn gwneud siocled a melysion. Do, datblygwyd gwlad Iesu ers ei ddyddiau Ef, fel pob gwlad arall drwy'r byd.

Y Crochennydd

Weithiau ym Mhalesteina gwelir y tad a'r fam a'r teulu'n gweithio yn yr un lle. Gwelir y tad yn ffurfio clai gwlyb gyda'i ddwylo i wneud cwpan neu soser neu jwg ddŵr. Gwaith y wraig yw lliwio neu beintio'r llestri cyn eu gwerthu.

Ffermwr

Pentrefwyr

Pysgotwr

Nomadiaid yr Anialwch

Bugail

Pysgotwyr

Yn amser Iesu pysgotwyr oedd y mwyafrif o ddynion oedd yn byw yng nghyffin-iau Môr Galilea. Dyma fywoliaeth llawer o ddynion yr ardal hyd y dydd heddiw. Nid oes llawer yn pysgota o'r lan heddiw. Defnyddir cychod i fynd allan i'r môr. Wedi dychwelyd i'r lan gesyd y pysgotwyr y pysgod mewn basgedi a'u gwerthu yn y marchnadoedd. Llongau hwyliau oedd ganddynt yn amser Iesu ond erbyn heddiw gwelir nifer o gychod modur yn y porthladdoedd.

Bugeiliaid

Diddorol yw sylwi ar waith y bugail yng ngwlad Canaan. Bugeilio defaid yw'r unig waith a wnânt yno, oherwydd bod y wlad mor arw a'r defaid mewn perygl cyson.

Dim ond ambell fugail amser llawn a geir yn ein gwlad ni. Mae'r ffermydd yma yn cynnwys meysydd y gall defaid bori arnynt yn ddiogel. Ond nid oes lleoedd mor ffafriol yng ngwlad Canaan, ac anaml iawn y gwelir ci defaid yno. Mae'r bugail yn treulio cym-aint o amser yng nghwmni ei ddefaid fel bo'r defaid yn ei adnabod ac yn gwrando ar ei lais. Cofiwch i Iesu sôn am y Bugail Da.

Maes y Bugeiliaid, Bethlehem. Gwraig yw'r bugail.

Ffermwyr

Gwlad hardd yw gwlad Iesu, ac er y gellir gweld pob math o flodau yn tyfu yno, ni ellir gweld yr un blodyn ar derfyn Gwanwyn, a hynny oherwydd gwres yr haul yn yr haf. Beth bynnag, mae'r ffermwr yn brysur drwy gydol y flwyddyn.

Tua mis Hydref neu Dachwedd mae'n aredig y tir. Nid oes ganddo beiriant modern fel ffermwyr y wlad hon. Anifeiliaid fydd yn tynnu'r aradr. Ychen ddefnyddir fel arfer hyd yn oed heddiw, ond o dro i dro gwelir ffermwr yn defnyddio camel i wneud y gwaith.

FFERMWYR

Aredig

Hau

Y cynhaeaf

*Dyrnu – gwahanu'r grawn
oddi wrth y mân us*

Melin syml

MARCHNADOEDD

Gwerthu pysgod yn y farchnad

Golygfa yn y farchnad

Siopa yn y farchnad

Yn dilyn yr aredig daw amser hau. Hau â llaw o fasged a wna'r ffermwr o hyd yng ngwlad Iesu. Daw y cynhaeaf yn gynt yno nag yn y wlad hon. Bydd yr ŷd yn barod i'w dorri ar ddechrau Mai a'r cynhaeaf drosodd erbyn canol Mehefin. Nid gyda pheiriant fel tractor y byddant yn torri'r ŷd, ond â chryman. Y ffermwr fydd

yn gwneud hyn, a gwelir y wraig yn ei ddilyn ac yn clymu'r ŷd yn ysgubau er mwyn iddo aeddfedu yn yr haul.

Wedi i'r ffermwr gasglu ei gnwd i'r ysgubor, daw'r bobl dlawd i gasglu yr hyn a adawyd ar ôl yn y maes. Mae'r ffermwr yn dyrnu a malu'r ŷd. Caiff yr ŷd ei wasgaru ar y llawr, ac wrth lusgo carreg drom wastad drosto mae'r dywysen yn cael ei gwahanu oddi wrth y goes. Cymer y ffermwr fforch bren a chodi'r cyfan i'r awyr. Chwytha'r gwynt yr us i ffwrdd a syrthia'r hâd i'r llawr. Yna, fe'i cesglir. Gwaith y gwragedd yw malu'r hâd yn fflŵr yn barod i wneud bara.

Y Cartref

Cartref cyffredin oedd gan Iesu. Saer coed oedd Joseff ei dad, a gweithiai'n ddyddiol yn y gweithdy yn Nasareth. Wedi dychwelyd o'r Aifft paratôdd Joseff i ail-ddechrau ar ei grefft fel saer coed. Tebyg i Mair wneud matiau i'w gosod ar lawr cerrig y tŷ. Gwnaeth ddefnydd o'r felin fach i baratoi'r ŷd ar gyfer gwneud bara. Trydan sydd gennym ni i oleuo'n tai, ond cannwyll oedd gan rieni Iesu. Cofiwch iddo sôn am ganwyll yn un o'i storïau.

Cyfeirir at Iesu fel Mab y Saer. Yn y gweithdy gyda'i dad y dysgodd grefft y saer coed; gwyddai am y gwahanol fathau o bren – gwerth a defnydd pob un. Yma yn y gweithdy y parhaodd i weithio am flynyddoedd wedi colli ei dad. Tybiwn mai yn y gweithdy y bu am tua deunaw mlynedd. Deuai pobl ato â chadair neu stôl i'w hadfer.

Mab y Saer

Cadeiriau bregus, byrddau'r fro
A ddygid beunydd ato Fo;
Teganau'r plant ac offer gwlad
I'w trwsio ganddo yn siop ei dad.

Adferai yntau yn ddi-wall
Ei braich i'r naill, ei goes i'r llall,
Trwsio, cyfannu a chryfhau
Â'r hoelion llym y celfi brau.

O Siop y Saer ar wŷs ei Dad
Bu'n tramwy wedyn drwy y wlad;
A'r fraich oedd wyw a wnaed yn gref,
A'r goes oedd gloff, drwy'i allu Ef.

Hwythau a'i rhoesant Ef un dydd
Dan hoelion llym ar groesbren prudd,
Ac yno, gan weddïo'n daer
Drostynt, bu farw Mab y Saer.

I. D. Hooson

Cartref cyffredin a gafodd Iesu, ac yn ifanc iawn bu'n rhaid iddo gyfarwyddo â bywyd caled iawn. Bu hyn yn gymorth iddo, pan dyfodd yn ddyn, i barhau ar hyd teithiau poenus a llafur llethol.

Yr Ysgol

Pan oedd Iesu Grist yn chwe mlwydd oed, aeth i'r ysgol. Yn y synagog y cynhelid yr ysgol, ac yno y cafodd Iesu ddysgu a datblygu yn sŵn geiriau'r Ysgrythur. Mae'n sicr fod ei dad a'i fam wedi dysgu llawer iddo gartref cyn iddo ddechrau yn yr ysgol.

Buom yn siarad mewn pennod arall am "Dŷ'r Llyfr", yr enw a roddid ar yr ysgol.

Dysgodd Iesu Grist lawer oddi wrth ei athro. Un diwrnod byddai Ef ei hun yn gwneud ei waith fel yr Athro mwyaf a fu erioed. Cofiwch i'w ddisgyblion ei alw'n 'Rabbi', y gair Iddewig am athro, nifer o weithiau.

Yn yr ysgol dysgodd Hebraeg ac Aramaeg ac yn sicr cafodd gyfle i siarad ychydig o Roeg hefyd. Eisteddai'r bachgen Iesu ymhlith eraill o'r un oedran ag ef, a gwrando ar lais a chyfarwyddyd ei athro. Yr oedd yn bwysig fod pob bachgen yn dysgu Hebraeg, oherwydd dyna oedd iaith yr Ysgrythurau.

Y wers gyntaf oedd yn rhaid ei dysgu oedd y Deg Gorchymyn. Dysgent am wasanaethau crefyddol y Deml, am yr offrwm a'i ystyr. Byddai'r athro bob amser yn sylwi'n fanwl ar 'sgrifen y bechgyn, a châi'r gorau yn eu plith ddysgu bod yn Ysgrifenyddion. Mae'n debyg na chafodd Iesu gyfle felly, ond rhoddodd ef ei sylw i ystyr y geiriau yn hytrach na'u ffurf ysgrifenedig.

Cesglid arian o'r gynulleidfa i gynnal athro'r synagog, a gosodwyd cyfran o'r arian o'r neulltu i addysgu plant tlawd y cyfnod. Dysgodd y plant lawer yn ysgol y Synagog ond caent gyfle i ddysgu llawer mwy yn ysgol y Deml.

Yn y Deml

Soniasom mewn pennod flaenorol am wyliau'r Iddewon. Bu'r gwyliau'n bwysig i'r bachgen Iesu.

Yr oedd yn arferiad ymhlith yr Iddewon i fynd i'w prif ddinas ar gyfer Gŵyl y Pasg. Deuai'r Iddewon i Jerwsalem o bob rhan o'r wlad.

Pan oedd Iesu yn ddeuddeg oed cafodd fynd gyda'i dad a'i fam i'r ŵyl yn Jerwsalem. Nid dyma'r tro cyntaf iddo fod yn y Deml, ond yr oedd y deuddeg oed yn gyfnod pwysig yn hanes pob bachgen. Yn ogystal â

hynny yr oedd bellach mewn oedran i ddeall ystyr yr ymweliad â'r Deml. Yn awr disgwylid iddo ddod yn Fab y Gyfraith yn y Traddodiad Iddewig.

Yr oedd Iesu am y tro cyntaf yn ymuno gyda'i dad yng ngwasanaeth crefyddol ei genedl. Gwyddoch fod gwasanaeth Cymundeb yn ein capeli ar un Sul y mis, fel arfer.

Gwasanaeth o gofio oedd gwasanaeth y Deml; gelwid y gwasanaeth yn Ŵyl y Bara Croyw. Byddent yn offrymu oen ar allor y Deml, a bwyta llysiau chwerw i gofio am chwerwder caethwasiaeth yr Aifft flynyddoedd ynghynt. Cawsant gwpanaid o win a diolchwyd i Dduw am eu gwarediad o'r Aifft. I orffen y gwasanaeth byddent yn canu salmau.

Wedi dychwelyd ychydig ffordd tuag adref sylwodd Joseff nad oedd y bachgen Iesu gyda hwy. Dychwelodd i Jerwsalem i chwilio amdano ond ni allai ei weld yn unman.

"Ymhen tridiau daethant o hyd iddo yn y deml, yn eistedd yng nghanol yr athrawon, yn gwrando arnynt a'u holi; ac yr oedd pawb a'i clywodd yn rhyfeddu mor ddeallus oedd ei atebion." (Luc 2.46)

Daeth o hyd iddo yn y Deml yn siarad â'r doctoriaid yno, a'u holi. Synnodd y dynion dysgedig yno wrth glywed Iesu yn siarad a rhesymu. Tyfodd a datblygodd Iesu, a daeth yn agos iawn at bobl y cyfnod.

Yn y penodau nesaf cawn ddilyn ei hanes. Ni wyddom ddim am ei fywyd am ddeunaw mlynedd. Tybiwn mai treulio'r blynyddoedd hyn yn cynnal ei fam ac yn llafurio'n galed yn siop y saer a wnaeth.

Dechrau'r Weinidogaeth

Dim ond yn Efengyl Luc y ceir cyfeiriad at ymweliad Iesu â'r Deml pan oedd yn ddeuddeg oed. Efengyl Mathew sy'n sôn am y digwyddiadau eraill ym mywyd y teulu, cyn iddynt ddychwelyd i Nasareth a chartrefu yno.

Synhwyrwn fod Iesu wedi derbyn cyfrifoldeb yn gynnar yn ei fywyd, ac y mae'n sicr fod y gwaith caled a gafodd fel gweithiwr coed, yn gymorth mawr iddo pan oedd i lafurio eto mewn modd gwahanol, wrth wasanaethu ymhlith pobl ei gyfnod. Bu'r cyfnod cynnar hwn yn ei fywyd yn gymorth i'w baratoi ar gyfer gwasanaethu Duw a dynion yng ngwlad Palesteina.

Ganwyd baban arall ychydig fisoedd cyn geni Iesu. Enw'r baban hwnnw oedd Ioan. Yr oedd Ioan yn gefnder i Iesu. Tyfodd y ddau, a bu cysylltiad agos rhyngddynt am flynyddoedd wedi hyn. Yr oedd y ddau bellach wedi tyfu yn ddynion ifainc. Roeddent nawr tua deng mlwydd ar hugain oed.

Yn y Dwyrain yn y cyfnod hwnnw pan oedd brenin ar daith drwy'r wlad, yr oedd yn arferiad i anfon negesydd o'i flaen i baratoi'r ffordd. Gallwn ddychmygu sut un oedd y negesydd hwn. Gwisgai ddillad hardd gan farchogaeth ar geffyl neu gamel. Arferai ganu utgorn i gasglu'r bobl o'i gwmpas, a'u gorchymyn i baratoi croeso brenhinol i'r brenin.

Negesydd oedd Ioan – Ioan Fedyddiwr fel y gelwid ef. Nid oedd ganddo ddillad hardd – dillad garw, cyffredin oedd ganddo. Gwisgai groen camel, a'i fwyd oedd locustiaid a mêl gwyllt. Ei lais oedd ei utgorn, ac roedd yn ddigon i ddenu tyrfa o bobl ato.

Yn eu plith yr oedd pobl gyffredin y wlad, masnachwyr, milwyr a bugeiliaid. Gadawodd y bobl hyn eu gwaith a mynd i lannau'r Iorddonen, canys yno y safai Ioan yn bedyddio'r bobl.

Yr oedd neges Ioan iddynt yn wahanol i neges negesydd y brenin. Neges y negesydd fel arfer oedd i'r bobl barchu'r brenin a'i wahodd â baneri, utgorn a gwledd. Ond yr oedd Ioan yn gofyn am fwy na hyn. Gofynnodd iddynt ystyried eu pechodau a newid eu dull o fyw. Mewn gair, dywedodd wrthynt am edifar-hau a chael eu bedyddio i fywyd hollol newydd.

O dro i dro gorfod i Ioan ateb nifer o gwestiynau anodd. Daeth nifer o bublicanod – casglu trethi i'r Ymerodraeth Rufeining oedd gwaith y rhain – a gofyn beth allent hwy ei wneud. Dywedodd Ioan wrthynt am gasglu'r hyn oedd yn angenrheidiol, a dim mwy.

Cofiwch mai Herod Fawr oedd yn llywodraethu ar Jwdea pan aned Iesu. Ond yn awr Pontiws Pilat oedd rhaglaw Jwdea, a Herod Antipas yn detrarch ar Galilea. Pan fu farw Herod Fawr, rhannwyd ei deyrnas yn dair rhan o dan ofal ei feibion. Cafodd Herod Antipas lywodraethu ar Galilea a Pherea, Philip ar ochr ddwyreiniol yr Iorddonen, ac Archelaus ar Jwdea, Samaria a rhan o Idwmea. Cofiwch fod y rhain i gyd o dan awdurdod yr Ymerawdwr Rhufeinig. Ni chafodd Archelaus lywodraethu yn hir, a newidiwyd y drefn fel y soniwyd ym Mhennod 3. Swyddog Rhufeinig neu raglaw oedd yn gyfrifol am y wlad am weddill oes Iesu. Y swyddog hwn nawr oedd Pontiws Pilat.

Wrth wrando ar Ioan, credai rhai o'r Iddewon mai ef oedd y Brenin. Ei ateb iddynt bob amser oedd: *"Yr wyf yn eich bedyddio â dŵr i edifeirwch; ond y mae'r hwn sydd yn dod ar f'ôl i yn gryfach na mi, un nad wyf fi'n deilwng i gario'i sandalau. Bydd ef yn eich bedyddio â'r Ysbryd Glân ac â thân."* (Mathew 3.11).

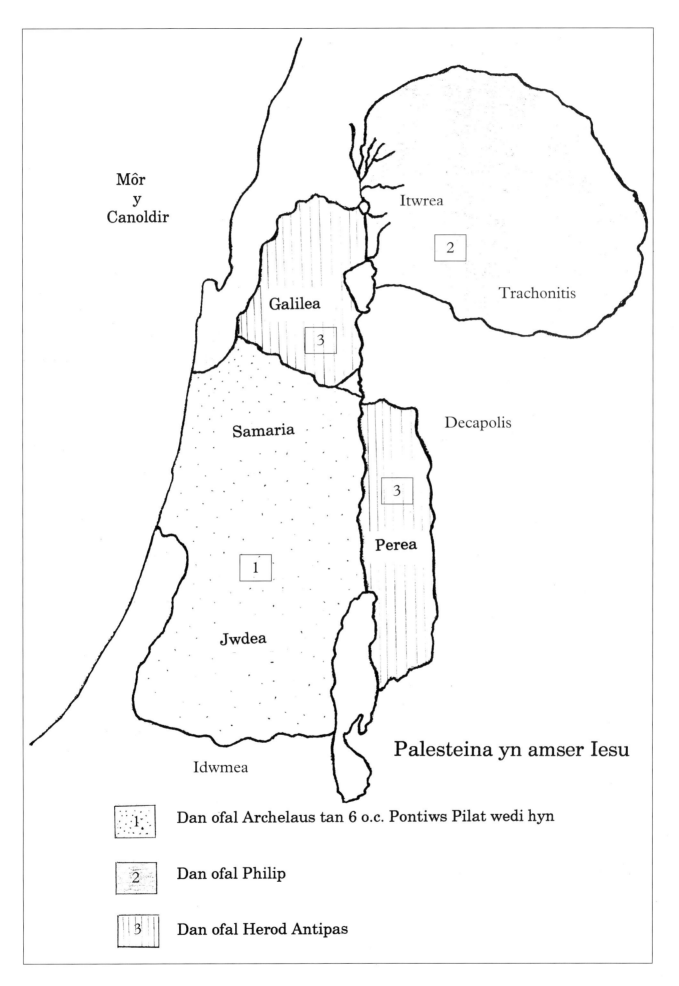

Môr
y
Canoldir

Itwrea

2

Trachonitis

Galilea

3

Samaria

Decapolis

3

Perea

1

Jwdea

Palesteina yn amser Iesu

Idwmea

1   Dan ofal Archelaus tan 6 o.c. Pontiws Pilat wedi hyn

2   Dan ofal Philip

3   Dan ofal Herod Antipas

Un diwrnod poeth yr oedd Ioan yn parhau i bregethu ar lan yr Iorddonen. Nid oedd y bobl bob amser yn barod i wrando arno; codai gywilydd arnynt wrth wrando ar ei eiriau. Teimlent yn flin dros ben am yr hyn a wnaethant, a gofyn i Ioan eu bedyddio â dŵr.

Wedi i'r mwyafrif o'r bobl ymadael daeth dyn ifanc at yr afon. Yr oedd wedi cerdded i lawr y ffordd fynyddig o Nasareth. Gwyliai'r bobl am beth amser. Enw'r dyn ifanc oedd Iesu. Flynyddoedd ynghynt yr oedd yn fachgen yn Siop y Saer, ond nid bachgen ydoedd mwyach ond dyn hardd a chryf. Daeth at yr afon a dweud wrth Ioan *"Bedyddia fi"* (Mathew 3.13). Nid oedd Ioan yn hollol sicr a oedd yn ddigon teilwng i fedyddio'r Dyn ifanc hwn – canys gwyddai'n iawn mai Iesu ydoedd. Wedi meddwl am ychydig amser gwnaeth fel y gofynnai Iesu. Pan gododd Iesu o'r dŵr daeth Colomen wen o'r nef a disgyn ar ei ysgwydd. Gwyddai Ioan yn sicr yn awr mai hwn oedd y Crist y bu'r bobl yn aros mor hir amdano.

'. . . *a disgynnodd yr Ysbryd Glân arno mewn ffurf gorfforol fel colomen, a daeth llais o'r nef: Ti yw fy Mab, yr Anwylyd, ynot ti yr wyf yn ymhyfrydu.*'

(Luc 3.22)

Y man ar afon Iorddonen lle y credid i Ioan fedyddio Iesu.

Am flynyddoedd yr oedd Iesu wedi paratoi ar gyfer y diwrnod mawr hwn, y diwrnod pan oedd i adael ei fam a'i deulu yn Siop y Saer a dechrau ar ei weinidogaeth fawr.

Yr oedd gwaith Ioan fel negesydd wedi gorffen a gwaith Iesu yn dechrau.

Iesu'n dewis y ffordd

Wedi'r bedydd gadawodd Iesu y lle hwnnw a mynd i Anialwch oedd yn ymyl y Môr Marw, y rhanbarth a elwid yn Ddiffeithwch Jwdea. Yma y bu am ddeugain niwrnod. Yn nhawelwch y diffeithwch y cafodd gyfle i feddwl am y gwaith oedd yn ei wynebu. Cofiai am ddynion mawr y gorffennol fel Abram a Moses, a meddyliai am y dyfodol. Meddyliodd am y ffordd orau.

Ar ôl y deugain niwrnod, yr oedd Iesu'n newynog a sylwodd ar nifer o gerrig bach gwastad yn debyg o ran ffurf a maint i'r torthau bychain yr arferai ei fam wneud yn ei hen gartref ymhell i ffwrdd yn Nasareth.

Hawdd fyddai iddo newid y cerrig hyn yn fara. Yr oedd yn newynog, ond gwyddai fod eraill yn newynog. Yr oedd yn ffordd dda o gasglu pobl o'i gwmpas yn gyflym ac yna gallai eu dysgu hwy am Dduw. Ond na! Ffordd annheilwng ac annheg fyddai hon. Gwrthododd wneud hyn. Yr oedd yn rhaid i Ymerawdwr ddarparu bara i'r bobl.

Yr oedd wedyn ar dŵr uchaf y deml a gwelai'r ddinas odditano. Gallai neidio lawr heb yr un niwed – byddai pobl o weld hyn yn siŵr o gredu mai mab Duw oedd Ef.

Ond ei ofni a wnâi'r bobl nid ei garu. Dyletswydd arall Ymerawdwr oedd darparu chwaraeon ac adloniant. Tybed a ydym wedi mynd yn rhy hoff o chwaraeon? A ydy'r pwyslais ar adloniant yn ormodol yn yr oes hon?

Ar glogwyn uchel edrychai Iesu allan a gweld holl drefi a theyrnasoedd y byd. Ffordd amgenach yw ffordd Iesu i ennill a gorchfygu. Gwelir hyn yn ei eiriau Ef sy'n dilyn.

Yr oedd wedi dewis y ffordd. Drwy gyfrwng Ei Weinidogaeth ymhlith dynion deuai eraill i weld y ffordd. Gofynnodd y disgyblion i Iesu: *"Sut y gallwn wybod y ffordd?"* (Ioan 14.5). Meddai Iesu: *"Myfi yw'r ffordd a'r gwirionedd a'r bywyd."* (Ioan 14.6).

Y Ffordd, y Gwirionedd a'r Bywyd

O! Iesu, y Ffordd ddigyfnewid
A gobaith pererin di-hedd,
O! tyn ni yn gadarn hyd atat
I ymyl diogelwch dy wedd;
Dilea ein serch at y llwybrau
A'n gwnaeth yn siomedig a blin,
Ac arwain ein henaid i'th geisio,
Y Ffordd anghymarol ei rhin.

O! Iesu'r Gwirionedd anfeidrol,
Tydi sydd yn haeddu mawrhad,
O! gwared ni'n llwyr o'r anwiriedd
Sy'n gosod ar fywyd sarhad;
Lladd ynom y blas at y geiriau
Sy'n twyllo'r daearol ei fryd,
A derbyn ein moliant am olud
Gwirionedd sy'n achub y byd.

O! Iesu, y Bywyd tragwyddol,
Ffynhonnell y nerth sy'n parhau,
Rho inni dy weld yn dy allu
Yn gwneud i eneidiau fywhau;
Mae ynot ddiderfyn rasusau
Sy'n drech na gelyniaeth y byd,
Moliannwn wrth gofio am Fywyd
Sy'n ras a thrugaredd i gyd.

W. Rhys Nicholas

Mae'n bwysig i ni gofio i demtasiynau lawer ganlyn Iesu drwy gydol ei weinidog-aeth, ond iddo eu gwrthwynebu. Gallai fod wedi ennill pobloedd lawer drwy'r gwyrthiau cynnar hyn, ond dewisodd ffyrdd gwahanol i'r rhain. Dychwelodd o'r Anialwch wedi penderfynu ar ffordd orau bywyd.

Dewis Disgyblion

Pysgotwyr oedd y pedwar cyntaf. Un bore, gwelodd Simon Pedr ac Andreas ei frawd ar lan Môr Galilea yn pysgota. Galwodd arnynt a'u gwahodd i'w helpu Ef

i ennill dynion. Gwelodd Iago ac Ioan, meibion Sebedeus yn cyweirio rhwydau.

Galwodd arnynt; gadawsant eu llong a'u tad a dilyn Iesu.

Wedi mynd i fyny i bentref Bethsaida ar ochr ogleddol Môr Galilea galwodd ddisgybl arall o'r enw Philip. Canlynodd Iesu ac wedi dod i'w adnabod, hoffai Philip pe bai Nathanael ei ffrind yn cyfarfod â Iesu. Dyn o Gana yng Ngalilea oedd Nathanael a daeth yn un o ganlynwyr Iesu. Efallai mai'r un yw hwn â Bartholomeus.

Gerllaw'r porth oedd yn mynd i mewn i Gapernaum gwelodd ddyn o'r enw Lefi mab Alpheus yn casglu trethi i'r Ymerodraeth Rufeinig. Galwodd Iesu arno, gadawodd ei waith a chanlynodd Iesu. Cafodd enw newydd, sef Mathew, a daeth yn un o'r deuddeg. Cymeriad tebyg i Mathew oedd Sacheus; yr oedd hwnnw'n casglu trethi i'r Ymerodraeth cyn cyfarfod â Iesu.

Y disgyblion eraill oedd Thomas yr anghredadun, Iago mab Alpheus neu Iago leiaf, Thadeus, Simon y Canaanead a wrthwynebai awdurdod y Rhufeiniaid, ac yn olaf Jwdas Iscariot yr hwn a fradychodd Iesu.

Yr oedd gan Iesu felly, ddeuddeg disgybl. Mae rhai ohonynt yn amlycach na'r lleill, ac yn wir, prin y clywn ni am nifer ohonynt. Y deuddeg hyn oedd i ganlyn Iesu ar hyd gwlad Palesteina ac i'w gynorthwyo yn ei waith. Gwelsant Ef yn dysgu ac yn iacháu.

Myfyrdod

Nid oedd dim byd pwysicach i lwyddiant bywyd a gwaith Iesu na dewis deuddeg o ddisgyblion. Ar ysgwyddau'r rhain y byddai parhad ei weinidogaeth, cenhad-aeth ei Efengyl ac egwyddorion ei Deyrnas yn dibynnu.

Gyda golwg ar hyn, tybed faint o ystyriaeth roddodd Iesu i gefndir, profiad a chymhwysterau'r rhai ddewiswyd ganddo i'w ganlyn, a dysgu ganddo? Wrth sylwi arnynt sylweddolwn fod yna gryn amrywiaeth. Amrywiaeth eu gwaith a'u personoliaethau, er enghraifft.

IESU A'R DEUDDEG DISGYBL

Andreas

Ioan

Iago

Simon Pedr

*Iago leiaf
(mab Alpheus)*

Jwdas Iscariot

Thadeus

*Simon
y Canaanead
(Selotes)*

Philip

Thomas

Mathew

Bartholomeus

84

Beth am ystyried gwaith.

Dewisodd bedwar pysgotwr ond dim un bugail! Pam hynny tybed? Onid bugeiliaid oedd Abraham, Isaac a Jacob? A Moses a Dafydd hwythau. Cymeriadau o gryfder ac addfwynder a arweiniai mewn cyfrifoldeb a gofal. Ac, yn gwbl naturiol, oni gyfeiriai'r Meistr ato'i hun fel Bugail Da?

Eto, pysgotwyr oedd treian o ddeuddeg dewisedig y Bugail Da hwn!

A yw'n deg awgrymu'r gwrthgyferbyniadau canlynol rhwng pysgotwyr a bugeiliaid?

Os mai ar ei ben ei hun yn arferol y gweithiai'r bugail, yng nghwmni rhai tebyg iddo y llafuriai'r pysgotwr! Nid bywyd unig, fel un y bugail yn fynych, mo un y pysgotwr felly, ond un mewn perthynas gyson ag eraill. Bywyd ar-y-cyd yn galw am gydweld a chyd-ymdrechu, cyd-benderfynnu a chyd-ddioddef. Ie, cyd-ddioddef! Mor aml y profai pysgotwyr stormydd ar eu gwaethaf. Nid rhyfedd fod y môr yn fynych yn symbol o'r drwg!

Do, galwodd bysgotwyr! Ac fe'u hyfforddodd i fod yn 'bysgotwyr dynion'.

Ai 'pysgotwyr' gwael fuom? Yn ddi-os geilw'n Meistr arnom ni – ei ddisgyblion heddiw – i fod yn 'bysgotwyr' gwell.

Ac yn 'fugeiliaid' felly hefyd!

Y deuddeg hyn fu'n llygad dystion i'w weithredoedd, fu'n gwrando ar ei athrawiaeth ac yn bwysicach na dim, y rhain oedd i barhau â'r gwaith wedi dyddiau Iesu. Meddyliwn am yr union gyfrifoldeb yn yr oes hon yn arbennig felly o safbwynt yr eglwys yr ydym yn perthyn iddi.

* * *

Deuddeg disgybl a ddewisodd Iesu, ond nid deuddeg yn unig a fu'n ei ganlyn. Yr oedd dynion a gwragedd, bechgyn a merched o bob iaith a llun yn ddisgyblion Iddo. Meddyliwch am ffyrdd y gallwn ninnau fod yn ddisgyblion Iddo. Pa fath o bethau allwn ni eu gwneud i sicrhau hyn?

Fel yr aeth amser heibio daeth y bobl hyn a fu mewn cysylltiad â Iesu i'w adnabod fel Cyfaill gorau bywyd. Yr oedd y Dyn o Nasaraeth yn ffrind mynwesol iddynt.

Yr Eglwys Gadeiriol, Copenhagen ('The Church of Our Lady').

CERFLUNIAU O GRIST A'R DEUDDEG APOSTOL
YN EGLWYS GADEIRIOL COPENHAGEN.
(Gwaith Bertel Thorvaldsen)

Sylwer mai'r Apostol Paul a ddewiswyd i gymryd lle Jwdas Iscariot.
Cred rhai ysgolheigion mai ef oedd dewis Duw i fod y deuddegfed Apostol, nid Mathias.
Mae pob cerflun yn cynnwys symbol yn gysylltiedig â phob Apostol.

Kommer Til Mig

86

*Iago, fab Sebedeus,
brawd Ioan*

Philip

Mathew

Paul

*Simon Selotes
(Y Canaanead)*

Bartholomeus

Thomas

Iago, fab Alpheus

Pedr

Ioan, fab Sebedeus

Andreas, brawd Pedr

Thadeus

Yr Efengylwyr

Ystyr y gair 'efengyl', sy'n tarddu o'r gwreiddiol Groeg 'euangelion', yw newyddion da. Datblygodd wedyn i olygu'r 'newyddion da' am berson a gwaith Iesu Grist.

Dyma'r 'kerugma', sef deunydd pregethu'r Eglwys Fore dan arweiniad yr Ysbryd, yn dilyn Croeshoeliad ac Atgyfodiad Iesu Grist. Sail y cyfan hyn, wrth reswm, oedd y traddodiad llafar – sef tystiolaeth cyfoedion Iesu.

Dyma'r llygad-dystion! Yn fras, gellid dyddio'r cyfnod yma yn 30-60 O.C.

Yn naturiol, gyda threigl amser, teimlid rheidrwydd i osod ar gof a chadw, hynny yw yn ysgrifenedig, y ffeithiau am fywyd a gwaith, geiriau a gweithredoedd Iesu. Dyma fu cyfraniad yr Efengylwyr.

Marc oedd y cyntaf i ysgrifennu ei Efengyl a bu hon yn ffynhonnell bwysig i ddau efengylydd arall, sef Mathew a Luc. Ioan Marc oedd ei enw llawn ac ysgrifennodd ei Efengyl tua 65 O.C.

Brodor o Jerwsalem ydoedd, ac, er nad ydoedd yn un o'r Deuddeg, gallwn gymryd yn ganiataol iddo adnabod Iesu – o leiaf yn ystod yr wythnos fawr olaf honno ym mywyd y Meistr; ac iddo nabod yr Apostol Paul hefyd, yn ogystal â Pedr, a oedd yn gyfaill iddo.

Un arall o'r Efengylwyr oedd Luc – awdur nid yn unig ei Efengyl ond hefyd Llyfr yr Actau. Swmp sylweddol o'r Testament Newydd felly. Yn enedigol o Antioch yn Syria, roedd Luc yn feddyg ac yn gyfaill i'r Apostol Paul. Yn wir, cyfeiria Paul ato, yn ei Lythyr at y Colosiaid, fel *'y meddyg annwyl'* (Col. 4.14).

Cyflwyna Luc ei Efengyl nid i un dosbarth, nac i un genedl yn arbennig, ond yn hytrach i'r holl fyd. Nid fel Meseia'r Iddewon y darlunir Iesu yn yr Efengyl hon ond fel Crist catholig. Efengyl y cenedl-ddyn Cristnogol yw Efengyl Luc. Cenedl-ddyn oedd unrhyw un heb ei eni'n Iddew.

Mewn gwrthgyferbyniad i Luc, Iddew ydoedd Mathew, a chasglwr trethi. Un a alwyd pan oedd yn eistedd wrth y dollfa fel publican. Ac Efengyl Iddewig ei naws gyflwynir ganddo. Olrheinia achau Iesu i Ddafydd ac Abraham (Mathew 1.1). Daeth Crist yn gyflawniad o'r proffwydoliaethau. Efengyl a 'sgrifennwyd felly i'r Iddew, trwy lygad Iddew!

Gelwir Efengylau Marc, Luc a Mathew yn 'Efengylau Cyfolwg', yn arbennig o'u cyferbynnu â'r Bedwaredd Efengyl – Efengyl Ioan.

Pwy oedd yr Efengylydd hwn? O'r ail ganrif (O.C.) credid mai brawd Iago a mab Sebedeus ydoedd. O fewn yr Efengyl ei hun ceir awgrym o ddibyniaeth ar lygad-dyst a chyfeirir ato fel *'y disgybl annwyl yr oedd Iesu yn ei garu'*. (Ioan 21.20). Gweler Ioan 21.24 hefyd. Ai Ioan, mab Sebedeus, oedd hwn – yr un nas enwir yn yr Efengyl ei hun?

Ta waeth, mae'n amlwg fod yr awdur yn hyddysg yn naearyddiaeth gwlad yr Iesu, yn arbennig Jerwsalem a'i chyffiniau. A gellir casglu mai mamiaith yr awdur oedd yr Aramaeg – iaith y Meistr ei hun.

Gelwir yr Efengyl hon yn efengyl ysbrydol. Mae yn un felly'n sicr; ond, yn ddi-os, mae'n fwy na hynny hefyd!

Bywyd Cymdeithasol

Yr oedd Iesu Grist bellach yn ddyn deg-ar-hugain oed. Treuliodd y blynyddoedd hyn ym mhentref bychan Nasaraeth. Yno, o ddydd i ddydd, cyfarfu â nifer o bobl amrywiol. Yr oedd masnachwyr o wledydd pell yn galw yn Nasareth ar eu teithiau. Yn ystod ei ymweliad â Jerwsalem cafodd gyfle i weld Publicanod, Phariseaid, aelodau'r Sanhedrin, a milwyr Rhufeinig yn ogystal â phlant y ddinas.

Yn awr yn fwy nag erioed o'r blaen pan deithiai ar hyd a lled y wlad, yr oedd yn siŵr o gyfarfod â nifer o bobl eraill. O ddydd i ddydd byddai'n cyfarfod â rhywun na welodd o'r blaen. Byddai'n gwrando arnynt, yn siarad am eu problemau ac yn eu cynghori ar y ffordd orau o'u datrys. Soniwn yn y bennod hon am fywyd cymdeithasol Iesu.

Iesu Grist a'r Plant

Yr oedd plant trefi a dinasoedd gwlad Canaan wedi clywed am Iesu. Wedi iddynt ei weld a gwrando arno byddent wrth eu bodd yn ei gwmni. Os clywent ei fod yn agos aent i'w gyfarfod i wrando ar ei storïau.

Yr oedd Iesu Grist yn caru pob plentyn. Er ei fod yn brysur yn dysgu a gwella yr oedd ganddo amser i'r plant. Yr oedd wedi gwella nifer ohonynt. Yr oedd plant yn ogystal â phobl mewn oed yn deall storïau Iesu. Byddent yn gwrando arno'n sôn am y Bugail Da, ac am y Samariad Trugarog a fu'n gymydog da. Dysgai'r plant sut i fyw'n dda yn y gymdeithas.

Arferai Iesu newid ei storïau i ateb y plant oedd yn gwrando arno. Pan oedd yn y wlad soniai am flodau'r maes a'u prydferthwch gan ddweud nad oedd y brenin Solomon hyd yn oed wedi ei wisgo fel un o'r rhai hyn. Pan oedd yn y dref siaradai am aderyn y tô gan bwysleisio bod Duw'n gofalu am bob un o'r rhain, a'i fod Ef yn gofalu llawer mwy am blant y byd. Cofiwn, bawb ohonom fod gennym ninnau gyfrifoldeb mawr tuag at y rhain. Diolchwn am bob mudiad ac ymgyrch sy'n hyrwyddo hyn.

Yn aml cymerai blentyn bach yn ei gôl a'i ddangos i'w ddisgyblion gan ychwanegu fod yn rhaid i bawb dderbyn plentyn bach os oeddynt i'w dderbyn Ef. Pwysleisiai fod gwrthod plentyn yn golygu ei wrthod Ef.

Y mae Iesu Grist yn gwahodd pawb ato. Tybed a glywsoch am stori'r brenin hwnnw mewn gwlad bell oedd yn trefnu gwledd briodas i'w fab?

Anfonodd ei was allan â gwahoddiad i bob un o bobl bwysica'r ddinas. Ymhlith y rhain roedd ffermwr, meddyg a gweinidog. Ond yn rhyfedd iawn nid oedd un o'r rhain yn gallu dod i'r briodas. Yr oedd y ffermwr am gasglu ei wair i'w ysguboriau. Yr oedd y meddyg am ofalu am y cleifion. Yr oedd y gweinidog am fynd i angladd. Pan glywodd y brenin nad oedd yr un o bobl bwysig y ddinas yn dod i briodas ei fab, anfonodd y gwas allan eilwaith â gwahoddiad i bawb o bobl y ddinas. Rhoddwyd gwahoddiad i'r tlodion, i'r cloffion, i'r deillion, i gardotyn – i bobl na fu erioed o'r blaen ym mhalas y brenin.

Mae Iesu Grist yn darparu gwledd i bawb ohonom ond y mae gan rai pobl o hyd bethau pwysicach i'w gwneud na dod i wledd Iesu Grist. Mae pob plentyn yn cael lle arbennig gan Iesu. Meddyliwn yn ddwys am yr hyn a gawn yn ein bywyd yn sgîl gwahoddiad Iesu.

Myfyrdod

Onid yw ein bywyd cymdeithasol yn bwysig? Onid yn ein perthynas â'n gilydd y gwireddir Maniffesto'r Deyrnas?

Un o fwriadau pendant yr Iesu oedd sefydlu trefn gymdeithasol yn seiliedig ar egwyddorion Ei Deyrnas. Ni ellir cyfyngu rheiny i draddodiad, defod a sacrament. Yn hytrach, fe'u gweithredir yn ein perthynas ni â'n gilydd. Daeth ein Meistr i ddymchwel traddodiadau, ac i chwyldroi cyfundrefnau, gan agor cyfnod newydd yn hanes y ddynoliaeth. Arloeswr mentrus ydoedd yn hybu ffordd newydd o feddwl ac o fyw. Ystyrier, er enghraifft, y lle arbennig a roddodd Iesu i blant.

Yn ein cyfnod ni aeth hunanoldeb, trachwant a chreulondeb yn rhemp; a diffyg dynoliaeth yn rhy gyffredin o lawer. Methasom ddangos gwir gonsýrn dros gyd-ddyn, ac, fel canlyniad, gwelsom dystiolaeth rhy amlwg o lawer fod y gwan a'r diamddiffyn yn dioddef. Gan gynnwys ein plant!

Dibynna'n plant a'u dyfodol ar ein cariad tuag atynt. A'r cariad hwnnw'n cael ei fynegi yn ein gofal trostynt a'n cyfarwyddyd iddynt.

Yng nghwmni plant, ac, wrth ystyried eu dyfodol, daethai nifer o gwestiynau i feddwl y Meistr. *'Beth fydd y bachgennyn hwn?'* (Luc 1.66). Sut iechyd corfforol a meddyliol fydd ganddo? Pa fath o amgylchiadau a'i goddiwedda? A, pha fath o gymeriad fydd ganddo?

Ystyriwn gymeriad, er enghraifft.

Onid un o gyfrifoldebau mwyaf rhieni ar aelwyd ac athrawon mewn ysgol, darlithwyr mewn coleg a chyflogwyr mewn gwaith yw gwneud popeth i hyrwyddo datblygiad cymeriad da? Ond, onid annigonol fu ein pwyslais arno? Mae'n rhywbeth mor bersonol. Ni all yr un person fod heb gymeriad. Mae'n un o'r elfennau hynny sydd mor hawdd i'w niweidio, ac onid oes angen gofal mawr amdano? Nis gallwn dderbyn na rhoddi cymeriad.

Yn y darlun, gwelir Iesu yn eistedd gyda phlant, ac yn siarad â nhw. Onid un o nodau diamheuol mawredd y Meistr oedd ei fod yn gyfaill plant ac yn medru cyfathrebu â nhw. Ar ein haelwydydd heddiw, aelwydydd sy'n cynnwys yr adnoddau mwyaf soffistigedig posib, esgeuluswyd un o'r pethau gwerthfawroca', sef y ddawn i gyfathrebu. Ni ddylid gadael i unrhyw dechnoleg fodern, boed gyfrifiadur a'i fendithion neu'r rhyngrwyd holl-bresennol, gymryd lle'r sgwrs a'r ymgom rhyngom. Yn wir, mae'n holl bwysig meithrin cyfathrebu da ac effeithiol, a hynny nid yn unig rhyngom â phlant ac ieuenctid, ond â phawb. Ac onid â'r hen a'r unig yn fwy na neb?

Ond nid cyfathrebwr yn unig oedd Iesu ond gwrandawr! Gwrandawr plant. Arwydd arall o'i fawredd. Os mai un tafod gawsom, cawsom ddwy glust! Felly: *'Y neb sydd ganddo glustiau i wrando, gwrandawed!'*

Ond oni esgeuluswyd gweinidogaeth gwrando gennym?

Stori dda yw honno am gyfweliad Radio. Holwyd plentyn ifanc: 'Pam wyt ti'n caru mamgu gymaint?' A'r ateb syml: 'Rwy'n ei charu gymaint am 'i bod hi bob amser yn gwrando arna i'!

Cyffyrddwn, mewn rhyw ffordd neu'i gilydd, â rhywun bob dydd, a llefara'r cyffyrddiad hwnnw, boed â llygad neu air, â chlust neu ag ysgydwad llaw, yn huawdl amdanom!

* * *

Iesu a'r Pharisead

Gwyddoch nad oedd y Phariseaid yn hoffi Iesu. Ni allent egluro daioni Iesu. Nid oedd pob Pharisead yn casáu Iesu. Un o'r Phariseaid hyn oedd Nicodemus, aelod o'r Sanhedrin.

Un noson dywyll pan orffwysai Iesu gerllaw Mynydd yr Olewydd, daeth Nicodemus ato â'i wyneb wedi ei guddio gan ei glogyn. Nid oedd am i'r Phariseaid eraill ei weld. Yr oedd wedi gwylio Iesu'n dysgu yn y Deml, ac wedi hoffi ei ffordd o ddysgu ac am wybod mwy am y bywyd newydd a gynigai.

Dywedodd Iesu wrtho na allai neb fyw yr hen ffordd a'r newydd. Eglurodd i Nicodemus fod yn rhaid i aelodau'r Sanhedrin yn ogystal â phobl eraill, gyfaddef eu bod ar fai weithiau a chyffesu eu beiau'n agored a gofyn am eu bedyddio o'r newydd. Pwysleisiodd bwysigrwydd newid cyfeiriad a newid agwedd at fywyd.

Yr oedd cyfraith y Phariseaid a'r Sanhedrin yn gaeth; ni châi pobl lawer o ryddid, ond roedd y grefydd newydd yn Iesu Grist yn rhydd i bawb. Eglurodd mai ei amcan Ef oedd cynorthwyo'r gyfraith ymhob ffordd bosib, nid ei thorri. Daeth Nicodemus yn gyfaill yn hytrach na gelyn.

Iesu a'r Publican

Beth oedd Publican? Cofiwch inni sôn yn nechrau'r llyfr mai casglwr trethi oedd y publican. Yn Jerico yr oedd Sacheus yn byw. Casglwr trethi oedd ef. Yr oedd yn gyfoethog iawn. Dyn byr oedd Sacheus.

Wrth ei waith yn casglu trethi byddai'n siarad â nifer fawr o bobl yn ystod y dydd. Clywai hanesion lawer am ddyn rhyfedd o'r enw Iesu. Cododd hyn awydd arno am weld pwy oedd Iesu. Efallai bod awydd arno am weld sut wyneb oedd gan Iesu, sut wisg, sut lais oedd ganddo.

Un diwrnod clywodd Sacheus fod Iesu i ddyfod y ffordd honno. Penderfynodd adael ei waith am ychydig a mynd allan i'r ffordd fawr i geisio gweld Iesu. Dyna siom a gafodd wedi mynd allan. Yr oedd tyrfa fawr o bobl yn canlyn Iesu ac yr oedd Sacheus mor fyr fel yr oedd yn amhosibl iddo ef ei weld. Beth allai ei wneud tybed? Cafodd syniad da.

Gerllaw, tyfai coeden fawr – sycamorwydden. Penderfynodd Sacheus fynd i ben y goeden a chuddio ymhlith ei dail fel y gallai weld Iesu a phawb arall, heb i neb allu ei weld ef.

Dringodd i ben y goeden a dyna olygfa oedd ganddo. Gwelai'r dyrfa fawr odditano. Yr oedd Sacheus wedi arfer edrych i lawr ar bobl am beth amser bellach. Cuddiodd ym mrigau'r goeden heb symud rhag i rywun ei weld. Daeth y dyrfa'n agos a Iesu yn y canol. Dechreuodd ofni beth ddigwyddai pe bai rhywun yn ei weld? Beth pe bai Iesu yn ei weld?

Yr oedd Iesu nawr o dan y goeden ac edrychodd i fyny i'w changhennau mawrion. Clywodd Sacheus lais yn galw arno. Na! nid arno ef yr oedd yn galw – ni allai neb ei weld. Ond clywodd y llais eto. *"Sacheus, tyrd i lawr ar dy union; y mae'n rhaid imi aros yn dy dŷ di heddiw."* (Luc 19.5)

Ni allai Sacheus gredu cais Iesu; ni chyfarfu ag Ef erioed o'r blaen. Synnodd i Iesu ofyn iddo ef; nid oedd neb yn hoffi Sacheus; o'r braidd y siaradai neb ag ef.

Ni allai'r bobl gredu fod Iesu wedi dewis tŷ Sacheus i aros ynddo. Yr oedd nifer fawr ohonynt yn anfodlon i Iesu aros gyda phechadur fel Sacheus. Beth oedd amcan Iesu tybed?

Ar ôl y diwrnod hwn newidiodd bywyd Sacheus. Nid oedd arian na chyfoeth o bwys iddo mwyach. Rhoddodd hanner ei arian i'r tlawd. Nid oedd ei swydd yn bwysig iddo chwaith. Gwelwyd Sacheus wedi hyn, yn chwarae gyda'r plant ar strydoedd Jerico, a daeth yn ddyn hoffus a phoblogaidd gan bawb. A oes perygl ein bod ni'n rhoi gormod o bwyslais ar arian?

Yr Iesu a'r Goludog

Soniodd Iesu droeon wrth bobl mai ffolineb oedd rhoi cyfoeth o flaen pethau eraill pwysicaf bywyd, a chyfrif cyfoeth yn bwysicach na pherthynas dda â'i gilydd.

Gofynnodd gŵr ifanc cyfoethog i Iesu beth oedd angen iddo wneud i gael rhan yn y bywyd newydd gyda Iesu. Ateb Iesu iddo oedd gwerthu'r cyfan oedd ganddo a rhoi'r arian i'r tlodion.

Troi ymaith oddi wrth Iesu a wnaeth y gŵr ifanc oherwydd bod ganddo gymaint o feddiannau.

Un o bethau pwysicaf bywyd yw'n perthynas ni â'n gilydd. Mae nifer fawr o bethau sy'n rhaid eu cael, sef arian, swydd, parch ein cymdogion, ac iechyd. Rhaid i bob un ohonom ni benderfynu pa un o'r rhain sydd bwysicaf mewn bywyd, a'n cyfrifoldeb ni yw rhoi trefn ar ein blaenoriaethau.

Onid ariangarwch yn flaenoriaeth yw achos y dirwasgiad economaidd a welir o bryd i'w gilydd. Onid annigonol fu pob digon?

Iesu a'r Tlawd

Cartref cyffredin oedd gan Iesu Grist yn Nasareth. Pobl dlawd oedd rhieni Iesu o'u cymharu â llawer o bobl y wlad. Bu fyw drwy gydol ei oes gymharol fyr yn yr un modd. Nid oedd cyfoeth ac arian yn golygu llawer i Iesu. Bu farw'n ddyn tlawd. Treuliodd ei amser bron yn gyfan-gwbl yng nghwmni'r tlawd, yn eu cysuro a'u bendithio. Rhoddodd obaith newydd i dlodion y wlad. Bu eu perthynas ag Ef yn agos a chynnes, a gydag Ef daeth Cristnogaeth i olygu bywyd llawn a chariadus.

Yr unig ffordd i wneud ein Cristnogaeth yn ystyrlon yw drwy ein perthynas ni â'n gilydd.

Pennod 9

Gwyrthiau

Wrth sylwi ar fywyd Iesu Grist gwelwn fod ei waith yn seiliedig ar ddau beth – gair a gweithred. Dysgodd nifer o wersi i'r bobl oedd yn ei ganlyn – dysgodd hwy drwy gyfrwng damhegion. Gweithiodd yn eu plith drwy gyfrwng gwyrthiau.

Ni chyflawnodd Ef unrhyw weithred yn unig er mwyn rhoi argraff dda ohono ei hunan i eraill. Mae'r gwyrthiau i gyd yn dangos daioni Iesu. Nid cais oeddynt i newid meddwl yr anghredadun ynglŷn ag Ef ei Hun. Ymateb i anghenion unigolion a wnâi wrth eu cyflawni.

Gwelsom yn y bennod olaf i Iesu gymryd rhan yn y bywyd cymdeithasol. Cyflawnodd ei holl wyrthiau yn ôl anghenion dyn. Gwelwn iddo wella'r claf oherwydd bod angen ei wella. Cododd unig fab y weddw oherwydd ei drueni amdani. Yr oedd y disgyblion yn dystion i'r hyn a wnaeth Ef. Treuliodd Iesu ei holl amser *"yn rhodio o amgylch gan wneuthur daioni."* (Actau 10.38).

Gellir dosbarthu ei wyrthiau yn y modd hwn:

    (a)   gwyrthiau iacháu

    (b)   gwyrthiau codi'r meirw

    (c)   gwyrthiau natur.

Myfyrdod

Er amlyced y gwyrthiau yn yr Efengylau eithriad yw i'r gair 'gwyrth' ei hun gael ei ddefnyddio i'w nodi. Dyma un o'r eithriadau hynny: *"Yna dechreuodd geryddu'r trefi lle gwnaed y rhan fwyaf o'i wyrthiau."* (Mathew 11.20). Eto, yn y cyfieithiadau cynharaf, 'gweithredoedd' yw'r gair ddefnyddir yn y cyd-destun hwn. Tra yn Actau 2.20 wedyn, darllenir yn gyffredin: *"Iesu o Nasareth, gŵr profedig gan Dduw yn eich plith chwi, trwy nerthoedd, rhyfeddodau ac arwyddion"*;

ond yn y Beibl Cymraeg Newydd (1988) defnyddir y gair 'gwyrthiau', yn hytrach na 'nerthoedd'!

Cyfeirir at wyrthiau Iesu felly drwy ddefnyddio nifer o eiriau. Rhai fel 'nerthoedd', 'arwyddion', 'rhyfeddodau' a 'gweithredoedd'. Dyma ambell enghraifft:

"A'r Arglwydd yn cydweithio ac yn cadarnhau y gair drwy arwyddion, y rhai oedd yn canlyn." (Marc 16.20).

"Athro, fe garem weld arwydd gennyt." (Mathew 12:38).

"Un weithred a wneuthum, ac yr ydych oll yn rhyfeddu." (Ioan 7.21).

(Parthed yr enghraifft ola' yna, teg nodi fod 'arwyddion' yn air allweddol a phwysig yn y Bedwaredd Efengyl).

Gweithredoedd rhwydd a naturiol oedd 'y gwyrthiau' i Iesu. A'r unig fodd uniongyrchol i geisio'u hegluro yw tanlinellu mai gweithredoedd dwyfol ydynt! Onid ymateb personol Iesu i angen – anghenion unigolion yn eu hamgylchiadau anoddaf, er enghraifft – ydoedd ei weithredoedd nerthol? Gweithredoedd a ysgogwyd gan gyffyrddiad ei adnabyddiaeth, ei ddealltwriaeth, ei gydymdeimlad a'i obaith.

Deisyfwn ninnau heddiw fendith y 'cyffyrddiad' anghymarol hwn.

GWYRTHIAU IACHÁU

1. **Glanhau y Gwahan-glwyfus** (Marc 1, Adnodau 40-45)

"Daeth dyn gwahanglwyfus ato ac erfyn arno ar ei liniau a dweud, 'Os mynni, gelli fy nglanhau.'" (Marc 1.40).

Yng ngwlad Iesu yn ei amser Ef, yr oedd person a oedd yn wahanglwyfus yn aflan i bawb arall yn y pentref.

Ni allai'r bobl hyn fynd yn agos i'r pentref. Dolur difrifol oedd hwn. Yn yr amser modern hwn, mae'r gwahanglwyfus yn byw gyda'i gilydd mewn ardaloedd, neu weithiau, ar ynys a ddarperir yn arbennig ar eu cyfer.

Yn amser Iesu, os credid fod person wedi gwella o'r dolur ofnadwy rhaid oedd iddo fynd a dangos ei hun i'r offeiriad yn y pentref, i brofi ei fod wedi gwella ac yna cael caniatâd i ymuno eto â bywyd cymdeithasol y pentref.

Yr oedd y dolur hwn yn heintus, gan ei fod yn gallu effeithio ar eraill. Nid ofnai Iesu hyn.

"A chan dosturio estynnodd ef ei law a chyffwrdd ag ef a dweud wrtho, 'Yr wyf yn mynnu, glanhaer di.'" (Marc 1.41).

Ym mha ffordd y gallwn ni gyffwrdd â dynion? Cyffyrddiad o gydymdeimlad, o dosturi ac a ddealltwriaeth oedd cyffyrddiad Iesu.

2. Y Claf wrth y Llyn (Ioan 5, Adnodau 1-9)

"Y mae yn Jerwsalem, wrth Borth y Defaid bwll a elwir Bethesda yn iaith yr Iddewon, a phum cyntedd colofnog yn arwain iddo. Yn y cynteddau hyn byddai tyrfa o gleifion yn gorwedd, yn ddeillion a phobl wedi eu parlysu." (Ioan 5.1-4).

Mae'n debyg fod Llyn Bethesda fel ffynnon ac weithiau byddai'r dŵr yn tarddu neu'n cynhyrfu. Efallai i chwi glywed am nifer o ffynhonnau tebyg yn y wlad hon a phobl yn yfed eu dyfroedd fel moddion i wella nifer o glefydau. Yr oedd Llyn Bethesda yn debyg i ffynnon felly.

Gorweddai gŵr ar wely ysgafn gerllaw'r llyn yn aros am darddiad y dŵr. Trôdd Iesu ato a holodd ef am ei afiechyd. Eglurodd y dyn ei fod wedi gorwedd am bron ddeugain mlynedd a phan oedd yn disgwyl am darddiad y dŵr roedd eraill yn cyrraedd y llyn o'i flaen. Dywedodd Iesu wrtho:

"'Cod, cymer dy fatras a cherdda'. Ac ar unwaith yr oedd y dyn wedi gwella a chymerodd ei fatras a dechrau cerdded. Yr oedd yn Saboth y dydd hwnnw." (Ioan 5.8-9)

Pan welodd yr Iddewon fod y dyn yn cario'i wely ar y Saboth, dywedasant wrtho nad oedd yn gyfreith-lon iddo wneud hynny.

Eglurodd y dyn mai Iesu a orchymynnodd iddo godi ei wely. Cafodd Iesu ei gyhuddo felly o iacháu ar y Saboth – un o nifer fawr o gyhuddiadau a wnaed yn ei erbyn.

Ateb Iesu iddynt oedd fod Duw yn gweithio o hyd, a'i fod yntau'n ceisio helpu pobl yn y ffordd orau, hyd yn oed ar y Saboth!

3. Gwella Bartimeus (Ioan 9, Adnodau 1-7)

Dyn dall oedd Bartimeus a arferai eistedd ar ochr y ffordd yn cardota. Cardota wnai'r mwyafrif o ddeillion yn nyddiau Iesu.

Un diwrnod eisteddai Bartimeus tu allan i borth Jerico, a thra roedd yn eistedd yno clywai sŵn tyrfa o bobl yn agosáu. Gofynnodd i gyfaill beth oedd y sŵn. Cafodd ateb mai Iesu o Nasareth oedd yn dod y ffordd honno. Pan glywodd Bartimeus enw Iesu cododd ei galon, ond ni allai ei weld Ef, felly gwaeddodd allan yn uchel.

"*Iesu fab Dafydd, trugarha wrthyf.*" Ceisiodd nifer o'r bobl ei dewi, ond gweiddi eto a wnaeth Bartimeus. O'r diwedd clywodd Iesu ef a daeth ato.

"*Beth a fynni i mi ei wneuthur i ti?*" A'r dall a ddywedodd wrtho, "*Athro, caffael ohonof fy ngolwg.*" (Luc 18.41).

Cafodd Bartimeus weld a dilynodd Iesu Grist ar ei ffordd.

Cafodd nifer fawr o bobl fywyd newydd o ganlyn Iesu Grist. Cafodd y deillion eu golwg, y byddar eu clyw a chafodd y cloff gerdded.

Credid yr adeg honno mai cosb Duw oedd afiechydon y bobl hyn – cosb am eu bywyd pechadurus.

Gwyddom nad yw hyn yn wir – maddau a wna Duw i ni bob amser, nid cosbi.

Oherwydd i bobl gredu mai cosb oedd arnynt, geiriau Iesu iddynt wrth eu hiacháu oedd – "*Maddeuwyd iti dy bechodau.*" (Luc 5.20)

GWYRTHIAU CODI'R MEIRW

1. Merch Jairus (Mathew 9, Marc 5, Luc 8)

Yr oedd Jairus yn adnabyddus i Iesu. Gwelodd Iesu ef lawer tro yn y Synagog. Yr oedd Jairus yn un o ddynion blaenllaw'r Synagog – pennaeth y Synagog mewn gwirionedd.

Un dydd daeth rhai o dŷ'r pennaeth gan ddweud fod merch Jairus wedi marw. Aeth Iesu i dŷ Jairus a chael y ferch ifanc yn gorwedd yn dawel ar wely. Cydiodd yn dyner yn ei llaw a dweud: *"Fy ngeneth, 'rwy'n dweud wrthyt, cod."* (Marc 5.41). Cododd y ferch ifanc, a gorchymynnodd Iesu i'w theulu roddi bwyd iddi.

2. Iesu yn Codi Lasarus (Ioan 11, Adnodau 1-44)

Cofiwch inni sôn yn gynnar yn y llyfr am y pentref bach hwnnw yn Jwdea o'r enw Bethania. Yma yr oedd Mair a Martha a'u brawd Lasarus yn byw. Arferai Iesu aros gyda hwy yn aml pan oedd yn teithio yn y dalaith honno. Pobl garedig oedd y rhain. Martha oedd yn gofalu am y tŷ. Ond roedd yn well gan Mair wrando ar Iesu na gwneud gwaith tŷ!

Yr oedd Iesu'n pregethu yng Ngalilea, filltiroedd lawer o Jwdea. Cafodd neges oddi wrth Mair a Martha fod Lasarus eu brawd yn sâl iawn. Ond pan gyrhaeddodd Iesu Bethania, daeth Martha i'w gyfarfod a dweud wrtho ei fod yn rhy ddiweddar – fod Lasarus wedi marw a'i gladdu.

Aeth Iesu yn union at y bedd a gorchymynnodd i'r dynion symud y garreg oedd yn cau'r agoriad. Yna galwodd Iesu ar Lasarus, *"Lasarus, tyrd allan!"* (Ioan 11.43), a gwelodd y bobl Lasarus yn dod allan o'r bedd yn fyw ac yn iach.

3. Codi Mab y Weddw (Luc 7, Adnodau 11-18)

Mewn pentref bychan o'r enw Nain gwelodd Iesu angladd yn codi o'r tŷ. Cafodd wybod gan y bobl mai unig fab y weddw oedd y bachgen.

Aeth Iesu at y mab, cyffyrddodd ag ef a dywedodd, *"Y mab ieuanc, yr wyf yn dywedyd wrthyt, Cyfod."* Cododd y mab ifanc yn fyw eto ac aeth at ei fam.

Mae'n bwysig i ni gofio eto nad er mwyn ennill y bobl y cododd Iesu'r meirw. Cododd hwy yn ei dosturi at deulu'r bobl hyn ac i gwrdd ag anghenion dyn. Ymateb i bobl oedd un o elfennau pwysicaf ei weinidogaeth.

GWYRTHIAU NATUR

1. Troi'r Dŵr yn Win (Ioan 2, Adnodau 1-11)

Yng nghyfnod Iesu, yn y nos yr oedd pawb yn priodi. Fel arfer deuai'r ferch ieuanc i dŷ ei darpar ŵr tra yr âi ef i aros i dŷ perthynas. Yn y nos deuai ef a'i ffrindiau i'r tŷ lle'r arhosai'r ferch. Pan oeddynt yn agosáu at y tŷ deuai ffrindiau'r ferch allan i'w cyfarfod gyda lampau. Efallai eich bod yn cofio am un o ddamhegion Iesu, sef Dameg y Deg Morwyn. Aethant hwy i gyfarfod â'r priodfab. Âi pawb i mewn i'r tŷ a chau'r drws.

Yn y stori hon yr oedd Iesu, a'i fam a'r disgyblion ymhlith y gwahoddedigion. Yn ystod y wledd gwelwyd nad oedd ganddynt ddigon o win. Dywedodd mam Iesu wrtho am hyn. Yn y tŷ yr oedd chwech o ddwfr-lestri, â phob un ohonynt yn dal dros ugain galwyn o ddŵr.

Gorchymynnodd Iesu i'r gweision lenwi'r rhain â dŵr. Gwnaeth y gweision yn ôl cais Iesu. Yna cawsant orchymyn arall i weini ar weddill y gwahoddedigion. Pan brofodd Meistr y wledd y dŵr a wnaethpwyd yn win dywedodd, *"Bydd pawb yn rhoi'r gwin da yn gyntaf, ac yna, pan fydd pobl wedi meddwi, y gwin salach; ond yr wyt ti wedi cadw'r gwin da hyd yn awr."* (Ioan 2.10).

Bu gwledd a llawenydd yn y tŷ hwnnw. Mae'n enghraifft o'r llwyddiant a'r llawenydd a ddeuai bob amser i bobl a fu yng nghwmni Iesu Grist ac a fu yn cydgymdeithasu ag Ef.

Mae'n debyg mai hon oedd gwyrth gyntaf Iesu Grist.

2. Tawelu'r Storm (Marc 4, Adnodau 35-41)

Un diwrnod aeth Iesu a'i ddisgyblion mewn llong dros Fôr Galilea. Cofiwch inni sôn ym mhennod gynta'r llyfr am safle'r môr hwn. Yn agos iddo yr oedd nifer o fynyddoedd uchel; un ohonynt oedd Mynydd Hermon, â'i gopa'n wyn gan eira. O ben y mynyddoedd hyn deuai gwynt oer sydyn a chodi stormydd ar Fôr Galilea. Yn un o'r stormydd hyn y daliwyd Iesu a'i ddisgyblion.

Cysgodd Iesu ar obennydd, a thra oedd yn cysgu cododd y storm, a'r tonnau yn cael eu taflu dros ochr y llong gan y gwynt.

Cafodd y disgyblion gymaint o ofn, er bod Iesu gyda hwy, nes iddynt benderfynu ei ddihuno Ef. Cododd yntau gan synnu at ofn a diffyg ffydd ei ddisgyblion.

"Ac efe a ddeffrôdd a cheryddodd y gwynt a dywedodd wrth y môr, 'Bydd ddistaw! Bydd dawel'. Gostegodd y gwynt, a bu tawelwch mawr." (Marc 4.39).

Yn y stori hon cawn weld eto ddewrder Iesu Grist yn wynebu rhai o stormydd mwyaf bywyd. Cawn weld hefyd ddiffyg ffydd a gobaith y disgyblion pan nad oedd Ef ar ddihun.

3. **Porthu'r Pum Mil** (Marc 6, Adnodau 34-44)

Weithiau hoffai Iesu adael y trefi a mynd i ben rhyw fynydd neu lecyn tawel i orffwys ac i weddïo.

Yn aml iawn ni châi lonydd gan y bobl; byddent yn ei ddilyn lle bynnag yr âi. Ni fyddai Ef byth yn eu hanfon i ffwrdd hyd yn oed os byddai'n flinedig.

Un dydd, dilynodd nifer fawr o bobl Iesu a'i ddisgyblion i fan tawel ar ochr y bryn. Buont yno drwy'r dydd yn gwrando ar lais Iesu, a dod â'u plant i gwrdd ag Ef.

Yr oedd nawr yn dechrau nosi, ac roedd y bobl yno o hyd. Erbyn hyn roedd angen bwyd ar y mwyafrif ohonynt.

Awgrymodd y disgyblion i Iesu eu hanfon adref, oherwydd nifer fach ohonynt oedd wedi dod â bwyd gyda hwy i'w fwyta.

"Peidiwch a'u hanfon i ffwrdd," meddai Iesu, *"rhowch fwyd iddynt i'w fwyta."* (Mathew 14.16). Synnodd y disgyblion at Iesu'n dweud hyn. Sut y gallent hwy gael digon o fwyd i'r holl bobl hyn? Yr oedd bachgen yn eu plith, a dim ond pum torth a dau bysgodyn oedd ganddo.

Dywedodd Iesu wrth y bobl am eistedd ar y mynydd. Cymerodd y pum torth a'r ddau bysgodyn ac wedi eu bendithio rhoddodd hwy i'r disgyblion i'w rhannu ymhlith y bobl. Er syndod, yr oedd digon i bob un o'r pum mil o bobl, ac hyd yn oed digon dros ben i lenwi deuddeg basged.

Dyma brif wyrthiau yr Arglwydd Iesu Grist. Ond mae'r Efengylau yn sôn am nifer o wyrthiau eraill o'i eiddo. Ceir gwyrthiau yn gysylltiedig â Genedigaeth Iesu, ei Fedydd yn yr Iorddonen, yn y Temtiad, yn ei Farwolaeth ar Galfaria ac yn yr Atgyfodiad.

Ymhlith holl wyrthiau'r Testament Newydd, Iesu Grist ei Hun yw'r wyrth fwyaf. Mae pob un o'r gwyrthiau a gyflawnwyd ganddo yn dangos pwysigrwydd ffydd, gobaith a chariad ym mywyd pob un ohonom, a phob un o'r rhain yn gysylltiedig â'r adegau pan drown at Dduw mewn gweddi.

Y mae teitlau amrywiol i wyrthiau yn y Testament Newydd. Gelwid hwy yn arwyddion, nerthoedd, rhyfeddodau a gweithredoedd.

Dim ond rhai o wyrthiau'r Arglwydd Iesu y buom yn sôn amdanynt. Diddorol yw gwybod, beth bynnag, Iddo gyflawni tri deg pedair o wyrthiau i gyd, ac efallai y bydd y rhestr ganlynol o gymorth ichi wybod beth ydynt, ac ymhle yn yr efengylau y gellir darllen amdanynt.

GWYRTH	LLE	CYFEIRIAD
1 Troi'r dŵr yn win	Cana	Ioan 2, ad. 1-11
2. Iacháu mab pendefig	Capernaum	Ioan 4, ad. 46-54
3. Yr helfa gyntaf o bysgod	Môr Galilea	Luc 5, ad. 1-11
4. Iacháu y gwahanglwyfus	ger Capernaum	Mathew 8, Marc 1, Luc 2
5. Iacháu gwas y canwriad	Capernaum	Mathew 8, Luc 7
6. Codi o farw'n fyw mab y weddw	Nain	Luc 7, ad. 11-18
7. Iacháu dyn ag ysbryd aflan ynddo	Capernaum	Marc 1, Luc 4
8. Iacháu mam gwraig Pedr	Capernaum	Mathew 8, Marc 1, Luc 4
9. Iacháu y claf o'r parlys	Capernaum	Mathew 9, Marc 2, Luc 5
10. Iacháu dyn a fu'n glaf am 38 o flynyddoedd	Jerwsalem	Ioan 5, ad. 5-9
11. Iacháu dyn â'i law wedi gwywo	Galilea	Mathew 12, Marc 3, Luc 5
12. Iacháu dyn cythreulig, mud a dall	Galilea	Mathew 12, Luc 11
13. Yn tawelu'r storm	Mor Galilea	Mathew 8, Marc 4, Luc 6
14. Yn gwella dau gythreulig	Gadara	Mathew 8, Marc 5
15. Codi o farw'n fyw merch Jairus	Capernaum	Mathew 9. Marc 5, Luc 8
16. Iacháu y fenyw o'r diferlif gwaed	ger Capernaum	Mathew 9. Marc 5, Luc 8
17. Rhoi eu golwg i ddau ddall	Capernaum	Mathew 10, ad. 27-31
18. Porthi'r pum mil	Decapolis	Mathew 9, Marc 9, Luc 9, Ioan 6
19. Iesu yn cerdded ar y môr	Môr Galilea	Mathew 14, Marc 6, Ioan 6
20. Iacháu merch y wraig o Ganaan	ger Tyrus a Sidon	Mathew 15, Marc 7
21. Iacháu y byddar ac atal dweud arno	Decapolis	Marc 7, ad. 31-37
22. Porthi pedair mil	Decapolis	Mathew 15, Marc 8
23. Rhoi golwg i ddyn dall	Bethsaida	Marc 8
24. Bwrw allan ysbryd mud a byddar	ger Cesarea Philipi	Mathew 17, Marc 9, Luc 9
25. Iacháu dyn lloerig	ger Môr Galilea	Mathew 17, ad. 14-21
26. Gwella un dall o'i eni	Jerwsalem	Ioan 9, ad. 1-7
27. Iacháu y wraig o wendid	Perea	Luc 13, ad. 11-13
28. Iacháu y dyn o'r dropsi	Perea	Luc 14, ad. 1-6
29. Glanhau'r deg gwahanglwyfus	Samaria	Luc 17, ad. 11-19
30. Codi Lasarus o farw'n fyw	Bethania	Ioan 11, ad. 1-44
31. Rhoi golwg i ddau ddyn dall	Jerico	Mathew 20, Marc 10
32. Crino'r ffigysbren	Bethania	Mathew 21, Marc 11
33. Iacháu clust Malchus	Gethsemane	Luc 22, ad. 50-51
34. Yr helfa olaf o bysgod	Môr Galilea	Ioan 21, ad. 1-8

Pennod 10

Damhegion

Roedd addysgu yn un o brif elfennau gweinidogaeth Iesu. Treuliodd amser helaeth yn hyfforddi pobl sut i fod yn wir Gristionogion.

Dysgodd drwy ddamhegion. Os oedd pobl gwlad Iesu i ddysgu ac i gofio'r gwersi, rhaid oedd eu dysgu mewn modd oedd yn ddealladwy iddynt.

Ni ddisgrifiodd Iesu ras, na'i ddiffinio, ond fe'i cyfathrebodd drwy ddamhegion.

Mae cynnwys y damhegion neu'r storïau oedd gan Iesu yn syml ac yn hawdd eu cofio. Mae ei storïau yn delio â bywyd beunyddiol bob un ohonom, ac ym mhob un ohonynt mae yna wers i'w dysgu a'r wers hon sy'n ein helpu ni i fyw yn well.

Myfyrdod

Os oedd pregethu a iacháu yn rhan annatod o weinidogaeth Iesu, roedd dysgu hefyd. Ie: 'Ef a'i dysgodd hwynt gan ddweud . . .' Ac mor fynych y dysgai bobl drwy ddamhegion. Rhan werthfawr odiaeth o'r Ysgrythurau Sanctaidd yw'r damhegion geir o'u mewn.

Mae iddynt eu hapêl i'r hen fel i'r ifanc, i'r mwyaf cyffredin fel i'r galluocaf o bobl.

Ynddynt a thrwyddynt ceir gwirioneddau dyfnaf a phwysicaf teyrnas nefoedd a theyrnasiad Duw. Ond beth yw dameg? Yr esboniad cyffredin yw mai storïau daearol ydynt, ond iddynt ystyr ysbrydol! A'u prif bwrpas yw cyflwyno'r gwirioneddau dyfnaf drwy eu cymharu â phethau o fewn deall a phrofiad pobl. Gwneud defnydd o'r cyffredin felly i dywys pobl i'r anghyffredin, nodi'r syml a'r agos-atoch i gyfleu'r aruchel a thragwyddol. Cyfeiriodd Iesu at ronyn gwenith a hedyn mwstard, at bren diffrwyth a dafad golledig, er enghraifft. Yna, o'u cyffelybu, cyflwynai wirioneddau oesol ei Deyrnas drwyddynt.

Trwy'r dull effeithiol hwn ennynwyd sylw pobl a deffröwyd eu dychymyg. Byddai'n fodd hefyd i wrandawyr gofio, a myfyrio'r hyn a lefarwyd wrthynt.

Mae dwy elfen holl bwysig wrth gyflwyno neges mewn gwers, neu bregeth neu ddarlith. Y gyntaf yw'r cynnwys. Hynny yw, sicrhau deunydd sylweddol a da.

Yn ail, y cyflwyniad. Sicrhau fod y sylwedd yn cael ei gyfleu mewn modd sy'n apelio. Mewn gair, cyfathrebu effeithiol.

Rhagorai Iesu yn y naill fel yn y llall! A gweddai'r dull hwn o ddysgu yn arbennig i'r Meistr. Yn wir, ai cywir fyddai awgrymu mai Ef ei Hun yw'r ddameg odidocaf ohonynt i gyd?

* * *

Yr Heuwr (Marc 4, Adnodau 14-20)

Aeth ffermwr allan i hau hâd yn y cae. Cofiwch inni yn gynharach yn y llyfr sôn am ffermwyr tebyg yn gwasgaru hadau. Syrthiodd rhai o'r hadau ar ochr y ffordd, lle nad oedd dim pridd i'w cuddio; ni chawsant gyfle i wreiddio yn y ddaear oherwydd i'r adar ddod a'u bwyta.

Syrthiodd rhai o'r hadau ar dir caregog. Eginodd y rhain yn gyflym oherwydd mai haen denau o bridd oedd arnynt. Am i'w gwreiddiau fod yn agos i'r wyneb, pan ddaeth yr haul, llosgwyd hwy yn y gwres.

Syrthiodd hadau eraill ymhlith y drain. Tyfodd y drain yn gyflym ac yn gryf, ac wrth i'r hadau bychain ddechrau tyfu, ni chawsant ddigon o le i ddatblygu a thagwyd hwy gan y drain.

Syrthiodd y mwyafrif o'r hadau ar dir da; yma cawsant gyfle i wreiddio a thyfu a datblygu'n gnwd da. Yma gorffennodd Iesu ei stori, ond gwyddai'r disgyblion nad stori syml yn unig oedd ganddo. Yn gynwysedig yn y stori roedd gwers iddynt hwy ac i bawb o ddynion y byd. Beth oedd y wers, tybed? Beth yw ystyr y stori hon i ni?

Iesu Grist ei Hun oedd yr Heuwr, a'r hadau oedd y Gair. Cyfeiria at y gwahanol fathau o dir. A'r rhain oedd yn cynrychioli y gwahanol fathau o wrandawyr. Ond un heuwr oedd ac un math o hadau.

Y tir diffrwyth yw'r bobl hynny sy'n clywed ond heb wrando, a, thra'n meddwl am bethau eraill sy'n eu diddori, collant ystyr y wers. Caiff yr holl bethau da eu cipio i ffwrdd gan y diddordebau uchod.

Cwympodd hadau ar greigleoedd, ac, heb ddigon o bridd i'w cuddio a heb wreiddyn da, gwywodd yr hadau. Pobl yw y rhain sydd bob amser yn barod i wrando'n awyddus ar y dechrau, ond, cyn hir yn blino gwrando, ac ni chaiff y wers gyfle i wreiddio ynddynt.

Cwympodd rhai o'r hadau i blith y drain lle cawsant eu tagu. Dyma'r bobl sy'n meddwl am broblemau bywyd fel tostrwydd, arian, anghytundeb â'u ffrindiau, ac mae'r holl broblemau hyn yn tagu'r pethau da.

Yn olaf, syrthiodd y mwyafrif o'r hadau i dir da ac yno tyfu'n blanhigion cryf ac iach. Dyma'r bobl sy'n gwrando ac yn cofio. Rhain yw'r tir da a ffrwythlon. Mae rhain yn datblygu'n ddynion da oherwydd iddynt fyw yn ôl y ffordd a ddysgwyd iddynt gan Iesu Grist. Rhaid i bob un ohonom sy'n credu yn Iesu Grist fod fel y rhain.

Salm o Foliant – I'r Gweddill

Fel angor i long mewn tymestl,
felly yw teyrngarwch y rhai ffyddlon
yn awr y difaterwch.

Fel mur cadarn yn amser ymosodiad,
felly yw eu ffyddlondeb hwy
pan fo uchel sŵn yr herio.

Gwynfydedig ydynt
oherwydd eu cydwybod dda
a'u llafur yn yr hen winllannoedd.

Ni fynnant weld yr etifeddiaeth mewn
    sarhad,
Na'r dystiolaeth o dan y cwmwl.

Tystion i'r Arglwydd ydynt
yn eu sêl diysgog
a'u dyfalwch wrth loywi'r trysor.

Ni ddiffydd fflam Gwirionedd yn
    eu bro,

cans cryfion ydynt mewn cred
a'u gobaith sy'n goleuo ffenestri'r
    seintwar.

O'u plegid hwy
bydd sain gorfoledd yn y pyrth
a llonder yng nghartrefi'r tir.

Eu ffydd a geidw'r llwybrau yn agored
fel na fydd ofer chwilio
pan gilio'r cysgod.

Tynnant y dŵr o ffynhonnau doe
i gawgiau'r heddiw blin,
a bydd yfory yn gwybod gwerth y gamp.

Talwn iddynt wrogaeth wiw,
cans hwy sy'n braenaru'r meysydd
i gynhaeaf yr Ysbryd Glân.

W. Rhys Nicholas

Yr Efrau a'r Gwenith (Mathew 13, Adnodau 24-30; 36-43)

Sôn mae'r stori hon am ffermwr a hauodd hâd da yn y maes. Tra roedd ef yn gorffwys daeth rhyw elyn a hau efrau ymhlith yr hâd da. Hadau o blanhigion gwyllt oedd yr efrau. Tyfent yn debyg i'r gwenith o ran ffurf a maint nes bod y planhigion yn aeddfed. Anodd dros ben oedd i ffermwr wahaniaethu rhwng yr efrau a'r gwenith ar y dechrau, nes i'r ddau ohonynt aeddfedu.

Yr Iesu oedd yn hau hâd da, fel y gwna o hyd yn ein plith ni. Y diafol sy'n hau'r efrau. Y maes lle heuir yr hâd yw'n byd ni. Fel mae'n anodd gwahaniaethu rhwng yr efrau a'r gwenith, anodd weithiau yw gwahaniaethu rhwng pobl dda a phobl ddrwg. Yr adeg pan yw'r planhigion wedi aeddfedu yw'r cyfnod pan y down i adnabod Iesu gan aeddfedu ym mywyd yr eglwys. Ein cysylltiad â'r eglwys sy'n gymorth i ni aeddfedu mor dda. Trwy fwrw golwg yn ôl ar hyd bywyd, gellir gweld y gwahaniaeth rhwng y da a'r drwg. Mae'r dyn da wedi rhoi llawer i fywyd, i'w deulu, i'w ffrindiau ac i'r byd, ond nid yw'r dyn drwg yn rhoi dim.

Gadawodd y ffermwr i'r gwenith a'r efrau dyfu gyda'i gilydd nes iddynt aeddfedu. Rhaid wedyn oedd eu gwahanu gan losgi'r efrau a chasglu'r gwenith i'w ysgubor. Mae'r drwg a'r da yn aml yn byw yn yr un ardal a'r un wlad a rhaid i'r da bob amser oddef y drwg.

Yr Hedyn Mwstard (Marc 4, Adnodau 30-32)

Hedyn bach iawn yw'r hedyn mwstard; eto, wedi cael cyfle i wreiddio a thyfu, daw'n blanhigyn tuag wyth troedfedd o uchder. Dywed Iesu wrthym fod bywyd y dyn da yn debyg i hedyn mwstard. Gall fod yn fach iawn ar y dechrau, ond gydag ymdrech galed, gall ddatblygu i fod y peth mwyaf pwysig ar y ddaear. Daw nifer o adar i nythu a chysgodi yn ei ganghennau. Mae'r dyn da yn debyg i hyn. Rhydd gysgod i'w gyfeillion sydd mewn angen, gan eu helpu yn y ffordd orau bosibl.

Yr Hedyn sy'n Tyfu'n Ddiarwybod (Marc 4, Adnodau 26-29)

A fuoch erioed yn synnu at y modd y daw planhigyn o hedyn bychan. Dyma un o gyfrinachau Byd Natur. Wedi gosod yr hedyn yn y ddaear, gyda chymorth dylanwadau gorau natur, fel y glaw a'r heulwen, dechreua egino. Datblyga'r dywysen ac yna bydd ŷd yn llanw'r dywysen. Mae bywyd y Cristion yn debyg i hedyn bychan. Tŷf gan ddatblygu'n dawel ac yn gyson, ac, ymhen amser bydd yn llawn o bethau da a fydd o ddefnydd i bawb o'i gwmpas.

Y Trysor Cuddiedig (Mathew 13, Adnod 44)

Lle rhyfedd yw'r ddaear i guddio trysor ynddo. Mae'n debyg, mewn nifer o wledydd, yn ystod rhyfel cuddiwyd arian a thrysorau yn y ddaear i'w diogelu.

Daeth dyn o hyd i drysor mewn cae, ac wedi gweld y fath drysor, bodlonodd werthu ei holl eiddo er mwyn prynu'r maes hwnnw. Mae bywyd y Cristion yn debyg i drysor cuddiedig; rhaid rhoi'r gorau i nifer fawr o bethau cyn y gall dyn fod yn Gristion cyflawn.

Y Perl Gwerthfawr (Mathew 13, Adnodau 45-46)

Yma cawn gyfeiriad nid at un person yn unig ond at nifer fawr o bobl sy'n ffurfio cymdeithas. Efallai bod nifer ohonoch chi yn perthyn i ryw gymdeithas neilltuol, gan gwrdd â'ch gilydd ar ryw noson arbennig o'r wythnos. Mae'r gymdeithas y soniodd Iesu Grist amdani yn fwy o lawer na'r un gymdeithas arall. Mae pob un sy'n caru Iesu Grist yn perthyn i'r gymdeithas hon, ac mae'n ein gwahodd ni bob un i fod yn aelodau ohoni.

Yn y porthladdoedd ac ar lannau'r môr gwelai Iesu Grist nifer o bysgotwyr perlau. Yr oedd nifer ohonynt yn agor wystrysen yr un i weld a oedd cragen yr anifail bach hwn yn cynnwys perl. Tybed a wyddech chi o'r blaen mai mewn cragen llymarch neu wystrysen y ceir y perlau y mae eich mam yn eu gwisgo am ei gwddf?

Sonia'r ddameg hon am farchnatwr yn un o'r porthladdoedd hyn. Sylwodd y marchnatwr ar berl gwerthfawr, a daeth arno awydd ei phrynu. Yr oedd ganddo ef ei hun berlau gwerthfawr ond dim tebyg i'r un a welai. Bodlonodd werthu yr holl berlau gwerthfawr eraill er mwyn prynu'r perl hwnnw.

Cafwyd eglurhad ar sut y daeth y perl i fodolaeth. Er mai mewn cragen wystrysen y ceir perlau, yn rhyfedd iawn nid yw pob cragen o'r fath yn cynnwys perl. Bu arbenigwr yn egluro'r rheswm am hyn, a dyma'r eglurhad a roddwyd ganddo.

Mae'n debyg fod y wystrysen yn blino weithiau ar dywyllwch ei chartref, sef y gragen, a cheisia ddod allan ohoni. Gwaith anodd dros ben yw hyn. Gwyddoch mae'n siwr am gregyn cocos, maent ar gau yn dynn ac anodd yw eu hagor. Wrth chwysu ac ymdrechu'n galed fe lwydda'r wystrysen i ddod allan o'r gragen, ac o ganlyniad i'r ymdrech galed hon y daw perl i fodolaeth mewn cragen.

Dyma wers Iesu Grist i ni, oherwydd gydag ymdrech galed i fod yn blant a phobl da y cawn ninnau gyfle i fod yn aleodau o'i Deyrnas Ef.

Y Gwas Anhrugarog (Mathew 18, Adnodau 23-35)

Sonia'r ddameg am frenin a faddeuodd i'w was am ei ddyled o ddeng mil o dalentau. Mae'n debyg fod talent yn werth tua dau gan punt yr adeg honno. Mawr oedd dyled y gwas. Yr oedd gan y gwas hwn weision hefyd, a dechreuodd gyfrif dyledion un o'i weision ei hun. Gwrthod maddau a wnaeth ef beth bynnag, ac oherwydd hyn dywedwyd wrth ei arglwydd ef. Gorfod iddo yntau dalu ei holl ddyled.

Bu adeg yn ein byd ni pan oedd yn rhaid talu pob dyled a thalu am bob ffafr. Mae'r gwir Gristion fodd bynnag yn anghofio am yr hyn sy'n ddyledus iddo. Felly yw ymateb Duw tuag atom ninnau.

Y Samariad Trugarog (Luc 10, Adnodau 25-37)

Cofiwch inni sôn yn gynnar yn y llyfr am wlad Iesu, ac am y llwybrau lawer oedd yn arwain o un pentref i bentref arall. Un o'r ffyrdd hyn oedd o Jerwsalem i Jerico. Ffordd arw iawn ydoedd yn ymdroelli am tuag ugain milltir rhwng bryniau serth y rhan honno o'r wlad. Ymhlith y bryniau hyn a'u hamryw ogofau yr ymguddiai lladron a fyddai'n gwylio teithwyr a masnachwyr yn gwneud eu ffordd i wahanol farchnadoedd y wlad. Yr oedd y ffordd hon yn adnabyddus i bawb fel ffordd beryglus.

Gwyddai Iesu am y ffordd hon a gwnaeth ddefnydd ohoni yn y stori yma. Cofiwch inni sôn ym Mhennod 2 am bobl gwlad Iesu, ac yn arbennig am gasineb yr Iddew at y Samariad. Ni wyddai neb yn well na Iesu am hyn. Gadewch inni felly gadw'r ffaith hon mewn cof wrth sylwi ar y stori.

Cafodd Iesu gyfle i adrodd am y Samariad Trugarog oherwydd i un o'r ysgrifen-yddion, neu gyfreithiwr, ofyn iddo un diwrnod am ei syniad Ef o gymydog. *"A phwy yw fy nghymydog?"* (Luc 10.29).

Un diwrnod, ar y ffordd o Jerwsalem i Jerico, teithiai offeiriad a gwelodd ddyn yn gorwedd ar ochr y ffordd â golwg druenus arno. Yno y gorweddai yn hanner marw, wedi colli ei ddillad ac yn gwaedu o'r clwyfau oedd ganddo. Mae'n sicr fod nifer o'r lladron wedi ymosod arno.

Yr oedd yr offeiriad ar ei ffordd i Jerico, ac yno yr oedd ganddo ddyletswyddau pwysig mae'n siŵr, oherwydd ni wnaeth unrhyw ymgais i helpu'r truan oedd yn gorwedd ar lawr. Yn hytrach na'i helpu, cerddodd yr ochr arall i'r ffordd gan adael y truan lle y gorweddai.

Ychydig amser wedyn daeth Lefiad heibio. Cynorthwywr yn y Synagog oedd Lefiad. Gwelodd hwn y truan ar lawr, ond ni wnaeth lawer o sylw a cherddodd yntau heibio yr ochr arall i'r ffordd.

Erbyn hyn yr oedd yn dechrau nosi. Ar hyd y ffordd honno daeth Samariad. Yr oedd hwn mewn brys oherwydd yr oedd am gyrraedd Jerico cyn nos. Gwelodd y dyn ar lawr. Sylwodd wedi iddo fynd yn agos ato mai Iddew oedd y truan. Pe bai'r Samariad wedi mynd ymlaen heb helpu ni fuasai'n syndod i neb. Ond na! Aros a wnaeth. Disgynnodd oddi ar gefn ei geffyl ac aeth at yr Iddew. Rhoddodd eli yn ei glwyfau a gwin iddo i'w yfed. Cododd ef o'r llawr a'i osod ar gefn ei geffyl. Arweiniodd yntau'r ceffyl bob cam o'r ffordd nes cyrraedd Jerico. Yno, chwiliodd am lety. Cafodd wely i'r claf. Rhoddodd arian i'r lletywr a gofyn iddo ofalu am y claf a sicrhau ei fod yn gwella'n iawn.

Yr oedd y Samariad wedi gwneud tro da onid oedd? Ond gwnaeth fwy na hyn. Dywedodd wrth y lletywr wrth ymadael â'r llety – *"Os byddi wedi gwario rhywbeth dros ben, fe dalaf fi yn ôl iti pan ddychwelaf."* (Luc 10.35).

Mae'r stori hon yn dwyn i'n cof ddywediad arall o eiddo Iesu, sef *"A phwy bynnag a'th gymhello un filltir, dos gydag ef ddwy."* (Mathew 5.41).

Gwnaeth y Samariad fwy o lawer nag oedd yn angenrheidiol. Cymydog da oedd y Samariad hwn. Y wers fawr sydd yn y ddameg hon i bob un ohonom, yw – bod yn gymdogion da i'n gilydd.

"Dos, a gwna dithau yr un modd" (Luc 10.37) oedd cyngor yr Arglwydd Iesu.

Y Mab Afradlon (Luc 15, Adnodau 11-32)

Yn ystod ei weinidogaeth ar y ddaear soniodd Iesu'n aml am Dduw a'i ofal dros ei bobl. Ond yn aml, meddai, cred dynion nad oes angen Duw arnynt. Hoffant fyw yn afradlon, ond ar ryw adeg mewn bywyd, dônt i sylweddoli yr angen am Dduw, ac ar yr adeg honno pan fydd dyn yn unig ac mewn angen, try yn ôl gan obeithio y caiff ei dderbyn unwaith eto gan ei Dad.

Stori felly yw hon. Soniodd Iesu am ffermwr cyfoethog â chanddo ddau fab. Wedi dydd eu tad yr oedd y ddau fab i etifeddu'r fferm, a'i holl gyfoeth. Bu'r ddau fab fyw'n gysurus am flynyddoedd gyda chyfleusterau gorau'r cartref.

Er bod ganddynt bopeth, blinodd y mab ieuengaf ar fywyd tawel y fferm. Gofynnodd i'w dad am roddi iddo ei gyfran. Cytunodd ei dad i'w gais. Cafodd y mab swm dda o arian. Casglodd ei feddiant a ffarweliodd â'i dad a'r cartref cysurus.

Bu fyw am amser mewn gwlad bell. Dyna amser da a gafodd yn gwario'i arian ar bethau ffôl y byd, ond pa wahaniaeth, yr oedd yn mwynhau ei hun!

Cafodd syndod mawr un dydd, pan sylweddolodd fod ei arian ar ben. Yr oedd wedi gwario'r cyfan, ac ar yr un pryd collodd ei holl ffrindiau.

Aeth pethau o ddrwg i waeth. Daeth newyn mawr yn y wlad honno. Yr oedd pobl gwlad Canaan wedi hen gyfarwyddo â newyn. Arferent baratoi ar ei gyfer. Gorfu i'r mab chwilio am waith. Cafodd waith fel gofalwr moch, a'r unig fwyd a gafodd oedd bwyd y moch.

Ar y foment honno daeth ato'i hun. Sylweddolodd mor ffôl y bu, yn gadael ei dad a'i gartref cysurus. Nid oedd wedi gwerthfawrogi pethau gorau bywyd.

Penderfynodd ddychwelyd adref. Efallai y maddeuai ei dad iddo. Nid oedd disgwyl y câi ei dderbyn yn ôl fel un o'r meibion mwyach. Efallai y cai weithio fel un o'r gweision.

Tra'r oedd ef yn dychwelyd adref, meddyliai ei dad amdano. Syllai'n aml i lawr y ffordd i weld a oedd sôn am ei fab ieuanc. Dydd ar ôl dydd siomai o weld neb yn dod.

Un dydd gwelodd yn y pellter draw rywun truenus yn cerdded i gyfeiriad ei fferm. Cododd ei galon wrth feddwl efallai mai ei fab ydoedd. Ond na, ni allai hynny fod. Daeth y teithiwr yn nes ac yn nes o hyd, ac wrth iddo nesáu at y cartref gwelodd y tad mai ei fab ydoedd.

Rhedodd i lawr y ffordd i'w gyfarfod. Derbyniodd ef i'w freichiau. "Fy mab", meddai, "dyna falch ydwyf i'th gael di nôl". Cerddai'r ddau tua'r cartref. Cafodd wledd fawr, cafodd y dillad gorau i'w gwisgo, esgidiau am ei draed, a modrwy ar ei fys, a bu llawenydd mawr yn y cartref y noson honno.

Yr oedd y mab hynaf yn anfodlon i hyn. Er i'w frawd wastraffu ei eiddo mewn gwlad bell, eto roedd yn cael gwledd o'r fath wedi dychwelyd adref!

Soniodd wrth ei dad am ei anfodlonrwydd. Cafodd ateb ei dad. *"Fy mhlentyn, yr wyt ti bob amser gyda mi, ac y mae'r cwbl sydd gennyf yn eiddo i ti. Yr oedd yn rhaid gwledda a llawenhau, oherwydd yr oedd hwn, dy frawd, wedi marw, a daeth yn fyw; yr oedd ar goll, a chafwyd hyd iddo."* (Luc 15. 31-32)

Dyma un o ddamhegion enwocaf Iesu Grist. Y neges i ninnau yn y stori hon yw fod Duw bob amser yn barod i faddau i ni, er i ni yn aml ei anwybyddu a'i anghofio. Rhaid i bob un ohonom werthfawrogi pethau gorau bywyd. Gwerthfawrogi tad a mam, brawd a chwaer a chartref cysurus. Lle bynnag yr awn yn y byd, down i sylweddoli un diwrnod – "does unman yn debyg i gartref".

Beth am nodweddion cartref da? Nodweddion pwysicaf pob cartref yw aelodau'r teulu. Rhagoriaethau cartref da yw'r berthynas sy'n bodoli rhyngddynt. Mae'r cariad, y gofal, y gefnogaeth, y cydweithio, y cydweithrediad, y calonogi, y cydymdeimlad, y gwrando a'r deall. Dyma'r nodweddion holl bwysig sy'n sicrhau yr ethos delfrydol a fydd o fendith i bawb. Nis gellir prynnu na gwerthu cartref. Prynnu a gwerthu adeilad a wnawn. Ni all dim byd arall gymryd lle cartref da.

Nid oes neb yn debyg i Dduw i ofalu ac i gofio amdanom pan fyddwn mewn angen.

Y Bugail Da (Ioan 10, Adnodau 1-18)

Bugeilio defaid oedd gwaith nifer fawr o ddynion gwlad Iesu. Buom yn sôn amdanynt ym Mhennod 5. Pan oedd Iesu'n fachgen gwelai fugeiliaid yn aml yn gofalu am eu defaid. Yn y stori hon mae'n cymharu bywyd y bugail â'i fywyd Ef ei hun. Mae'n galw'i Hun – "Y Bugail Da".

> *"Myfi yw'r bugail da. Y mae'r bugail da yn rhoddi ei einioes dros y defaid."* (Ioan 10.11).

Yn amser Iesu yr oedd gan bob praidd o ddefaid ei bugail. Yr oedd y defaid yn ei adnabod ac yn gwrando ar ei lais. Felly, yr oedd ef, yn adnabod pob un o'i ddefaid. Iesu Grist yw ein Bugail ni; Ef yw'r unig Fugail Da. Mae'n adnabod pob un ohonom ni fel unigolion. Mae'n bwysig iawn i ni sylweddoli bod Iesu Grist yn berson arbennig i ni. Y mae yn wrthrych i ni i'w addoli fel cynulleidfa, ac fel teulu, ac yn sicr, mae yn wrthrych i ni i'w addoli yn bersonol.

> 'Os nad yw'r efengyl yn dechrau gyda'r unigolyn, nid yw'n dechrau, os yw'n gorffen gyda'r unigolyn, mae'n gorffen!'

Mae'n debyg bod bugeiliaid y Dwyrain yn wahanol i'n bugeiliaid ni; arwain y defaid y maent hwy, nid eu canlyn fel y gwna'n bugeiliaid ni. Dyna yw Iesu Grist i bob un ohonom – arweinydd bywyd, yn ein harwain ar hyd y ffordd iawn.

Arferai'r bugail orwedd ym mynedfa'r gorlan fel drws i gadw'i ddefaid i mewn a'r llwynog allan. Felly mae Iesu i ninnau – drws i'n cysgodi rhag peryglon bywyd a'r holl bethau eraill a all amharu ar fywyd da.

Weithiau yng ngwlad Iesu byddai defaid dieithr yn cymysgu â defaid y bugail, ond, byddai ef yn eu hadnabod, er nad oedd marc arnynt fel sydd ar ddefaid y wlad hon.

Mae'r Arglwydd Iesu yn sôn am ddefaid felly; sef *"y rhai nad ydynt o'r gorlan hon."* (Ioan 10.16). Pobl yw y defaid hyn iddo Ef, a cheisia'i orau i roi ei sylw iddynt, i'w cael i'w gorlan a'u diogelu, fel y gwna i bobl sy'n credu ynddo Ef.

Hyderwn mai gobaith pobloedd y byd yw dod yn ddefaid i'r Bugail Da ei Hun. Dynion o bob iaith a lliw yn ffrindiau i'w gilydd, a Iesu Grist yn ffrind iddynt hwy.

Y Ddafad Golledig (Luc 15, Adnodau 1-7)

Gellir dweud bod y stori hon yn dilyn stori'r Bugail Da. Yr oedd corlan y defaid yn cynnwys mynedfa gul. Dim ond un ddafad yn unig a allai fynd drwyddi. Yn y modd hwn gallai'r bugail gyfrif ei ddefaid.

Soniodd Iesu am fugail â chanddo gant o ddefaid, ond wedi cyfrif ryw noson, sylwodd mai naw deg naw oedd ganddo, a bod un o'r defaid ar goll.

Petai'n fugail ffôl, buasai wedi dweud wrtho'i hun fod ganddo ddigon ar ôl, ac nad oedd angen chwilio am un a gollwyd. Ond oherwydd mai bugail da oedd, aeth i chwilio am yr un golledig nes ei chael.

Mae Iesu Grist yn gwneud felly â phobloedd y byd. Er bod ganddo filoedd ar filoedd yn perthyn Iddo, nid yw'n gorffwys. Ceisia chwilio bob dydd am y rhai a gollwyd. Ein gwaith ni bob un ohonom yw helpu Iesu i gael pawb yn eiddo iddo Ef.

Yn y ddameg hon cawn weld eto mor dda ac effeithiol oedd athrawiaeth Iesu Grist. Cymerodd ddigwyddiadau syml a chyffredin, cymerodd waith bob dydd i egluro cynnwys ei storïau a'i neges i'r bobl a'i clywodd.

Y Gŵr Goludog a Lasarus (Luc 16, Adnodau 19-31)

Cyfaill y tlodion oedd Iesu Grist. Ymhlith y rhain y treuliodd y rhan fwyaf o'i amser.

Yn y ddameg cyfeirir at y cyfoethogion. Mae'n sôn am ŵr goludog a oedd yn mwynhau bywyd i'r eithaf, yn ei dŷ hardd. Gwisgai ddillad hardd a bwyta'n helaeth. Yr oedd y gŵr goludog wedi cau ei hun i mewn yn ei gartref cysurus, ac wedi cau pawb arall allan.

Cardotyn truenus oedd Lasarus, a'r unig fwyd gafodd ef oedd y briwsion a daflai gweision y gŵr goludog iddo.

Buoch chwithau yn canu droeon am fendithion bywyd – "Cyfrif y bendithion, cyfrif un ac un". Ar adeg fel y Nadolig pan gawn bopeth sydd eisiau arnom a mwy, cofiwn am y rhai hynny ym mhob gwlad drwy'r byd sydd heb fwyd, heb ddillad, heb dad a mam, a heb gartref. Ar adeg pan fydd gennym bopeth, cofiwn am y rhai hynny sy'n llai ffodus na ni.

Soniodd Iesu'n aml am y tlodion, a chyfeiriodd yn aml at y cyfoethog. Os ydym ni yn gwahanu'n hunain oddi wrth eraill, yr ydym yn ein gwahanu'n hunain oddi wrth Dduw hefyd. A welwn wireddu proffwydoliaeth Waldo?

> '*Daw dydd y bydd mawr y rhai bychain*
> *Daw dydd ni bydd mwy y rhai mawr.*'

Y Pharisead a'r Publican (Luc 18, Adnodau 9-14)

Ym Mhennod 2 cawsom eglurhad ar y ddau ddosbarth hyn, sef y Phariseaid a'r Publicanod. Dosbarth crefyddol o Iddewon oedd y Phariseaid. Casglwyr trethi oedd y Publicanod a gefnodd ar eu pobl eu hunain a chymryd swydd o dan yr Ymerodraeth Rufeinig. Un o'r rhain oedd Mathew, pan alwodd Iesu arno i fod yn un o'r deuddeg disgybl.

Yn y stori hon cawn Iesu'n sôn am Pharisead a Phublican yn gweddïo. Credai'r Pharisead, oherwydd ei fod yn perthyn i sect grefyddol, ei fod yn gyf-iawn ac yn ddi-fai, ond sylweddolai'r Publican ei fod yn bechadur, a gofynnodd i Dduw faddau iddo.

Os ydym yn mynychu capel neu eglwys ar y Sul rhaid inni beidio â chredu am foment ein bod yn bobl dda, heb fai o gwbl. Rhaid ymdrechu i fyw bob dydd o'r wythnos fel yr ydym ar y Sul. Yna gallwn ddweud fod gennym ni grefydd bob dydd nid crefydd y Sul yn unig. Rhaid peidio â bodloni ar fod yn dda. Rhaid ceisio bod yn well! Rhaid i ni gyfieithu'r hyn ydym yn ei gredu i amgylchiadau real ein bywyd. Fe ddigwydd hyn yn ein perthynas â phobl.

Y Deg Morwyn (Mathew 25, Adnodau 1-13)

Cofiwch inni sôn am y wyrth o 'Droi'r Dŵr yn Win', ac am yr arferiad o forynion yn cyfarfod â'r priodfab cyn mynd i'r wledd.

Sonia Iesu am ddeg o forynion yn y stori hon. Roedd pump ohonynt yn gall a phump yn ffôl. Nid oedd gan y pum ffôl ddigon o olew, ond yr oedd y pum gall wedi sicrhau bod ganddynt ddigon o olew yn eu lampau. Pan ddaeth y priodfab, yr oedd lampau'r rhai ffôl wedi diffodd, a dim ond y pum call allai fynd i mewn i'r wledd gyda'r priodfab.

Iesu Grist yw'r priodfab, a rhaid i bob un ohonom sicrhau bod ein bywyd yn dda ar hyd yr amser, nid fel y morynion ffôl – sef ceisio gwella ar ddiwedd ein gyrfa. Byw'n dda o ddydd i ddydd yw'r gamp fawr i bob unigolyn!

Y Talentau (Mathew 25, Adnodau 14-30)

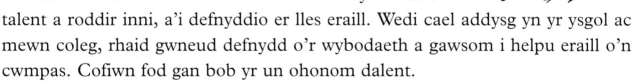

Gwers dda oedd gan Iesu yn y fan yma. Sylwn ar dri pherson yn y stori. Fe gawsant dalent yr un. Fe ddefnyddiodd dau ohonynt eu talent i raddau gwahanol ond nid oedd y trydydd wedi gwneud defnydd o gwbl o'i dalent ef.

Mae bywyd pob un ohonom yn debyg i ddameg y talentau. Rhaid i bob un ohonom wneud defnydd o bob talent a roddir inni, a'i defnyddio er lles eraill. Wedi cael addysg yn yr ysgol ac mewn coleg, rhaid gwneud defnydd o'r wybodaeth a gawsom i helpu eraill o'n cwmpas. Cofiwn fod gan bob yr un ohonom dalent.

Beth bynnag yw'n gwaith a'n galwedigaeth mae gan bob un ohonom ein cyfraniad i'w wneud i ysgol, i gapel neu eglwys, i gymdeithas, ac, os yn bosibl, i'n cenedl.

Edrychwn ar y darn 'Neges y Felin Ddŵr' sy'n dilyn, sy'n pwysleisio'r rheidrwydd i ddefnyddio ein gallu a'n talent tra gallom.

DAMEG	LLE	CYFEIRIAD
1. Yr heuwr	glan Môr Galilea	Mathew 13, Marc 4, Luc 7
2. Yr efrau a'r gwenith	" " "	Mathew 13, ad. 24-30
3. Yr hedyn mwstard	" " "	Mathew 13, Marc 4, Luc 7
4. Hedyn yn tyfu'n ddiarwybod	" " "	Marc 4, ad. 26-29
5. Y Surdoes	" " "	Mathew 13, Luc 13
6. Y trysor cuddiedig	" " "	Mathew 13, ad. 44
7. Y perl gwerthfawr	" " "	Mathew 13, ad. 45-46
8. Y rhwyd	" " "	Mathew 13, ad. 47-52
9. Y gwas anrhugarog	Capernaum	Mathew 18, ad. 23-35
10. Y Samariad trugarog	ger Jerwsalem	Luc 10, ad. 25-37
11. Y ddau ddyledwr	Capernaum	Luc 7, ad. 41-50
12. Y cyfaill liw nos	Jerwsalem	Luc 11, ad. 5-13
13. Y Gŵr goludog	Galilea	Luc 12, ad. 16-21
14. Y ffigysbren ddiffrwyth	Galilea	Luc 13, ad. 6-10
15. Y Swper Mawr	Tu hwnt i'r Iorddonen	Luc 14, ad. 12-14
16. Y Ddafad Golledig	" " "	Luc 15, ad. 3-7
17. Y darn arian	" " "	Luc 15, ad. 8-10
18. Y mab afradlon	" " "	Luc 15, ad 11-32
19. Y bugail da	Jerwsalem	Ioan 10, ad. 1-18
20. Y goruchwyliwr anghyfiawn	Tu hwnt i'r Iorddonen	Luc 16, ad. 1-13
21. Y Goludog a Lasarus	" " "	Luc 16, ad. 19-31
22. Y weddw daer	" " "	Luc 18, ad. 3-8
23. Y Pharisead a'r Publican	" " "	Luc 18, ad. 9-14
24. Y gweithwyr yn y winllan	" " "	Mathew 20, ad. 1-16
25. Y punnoedd	Jerico	Luc 19, ad. 11-27
26. Y ddau fab	Jerwsalem	Mathew 21, ad. 28-32
27. Y llafurwyr drwg	"	Mathew 21, ad. 33-46
28. Priodas mab y Brenin	"	Mathew 22, ad. 1-14
29. Y deng morwyn	Mynydd yr Olewydd	Mathew 25, ad. 1-13
30. Y talentau	" " "	Mathew 25, ad. 14-30

Am bymtheg o ddamhegion y buom yn sôn. Mae yna ddeg ar hugain ohonynt yn yr Efengylau. Rhestrir hwynt i'ch cynorthwyo gyda'u lleoliad yn y Testament Newydd. Dyma ddarn o farddoniaeth sy'n cyfeirio at rai ohonynt.

Damhegion y Deyrnas

Ar lan y môr bu Iesu gynt
Yn sôn am Deyrnas Nef;
Ac erys y darluniau byth
O'r deyrnas dynnodd Ef.

Bu'n sôn am heuwr yr aeth peth
O'i hâd ar goll i'r brain,
A pheth ar greigiog dir heb wraidd,
A pheth ymhlith y drain.

Ond codi wnaeth cynhaeaf da
O'r maes er gwaethaf hyn.
A bu'r medelwyr yn crynhoi
Ysgubau'r gwenith gwyn.

Bu'n sôn am hedyn mwstard oedd
Yn llai na'r hadau mân,
Yn tyfu'n llwyn, a'i gangau'n lle
I adar eilio cân.

Am farsiandïwr bu yn sôn
Yn cyrchu llawer man
A gwerthu'r cyfan oll a wnaeth
I gael un perl i'w ran.

Fel hyn yng Ngalilea gynt
Bu'n dangos Teyrnas Nef,
Ac fe ddaw'r byd i gyd yn well
O fyw i'w Deyrnas Ef.

Elfed

Neges y Felin Ddŵr

(Efelychiad)

Clyw ar sŵn y felin fach
Heno yn y fro,
Fel mae sŵn 'rolwynion mân
Yn gyrru'r oriau ar ffo;
Dod mae'r dŵr o hyd i droi
Rhod y felin wen,
Wedyn, y mae'r dŵr yn mynd,
Ni ddaw 'nôl drachefn;
Dim ond unwaith y gwnâ'i waith,
Cofia hynny, ffrind,
'Dyw'r felin ddim yn malu
Â'r dŵr sy wedi mynd.

Gweithia tra mae eto'n ddydd,
Y mae'r nos yn dod,
Clyw ar sŵn y felin fach –
Dyfal yw y rhod,
Ac mae einioes dyn mor frau,
Cilia yn y man,
Bydd yfory yn rhy hwyr,
Tithau'n hen a gwan;
Paid â gadael diwrnod gwaith
Hyd yfory, ffrind:
'Dyw'r felin ddim yn malu
Â'r dŵr sy wedi mynd.

Os oes gennyt tithau fam,
Cofia'i pharchu hi,
Na ddoed gofid dan ei bron
O dy achos di:
Os gwnei gam a'i henw glân
Drwy ryw weithred ffôl,
Pan fydd hithau wedi mynd,
Ofer galw'i 'nôl,
'Wêl di'r dŵr sy'n troi y rhôd,
Nid yw'n dychwel, ffrind,
'D yw'r felin ddim yn malu
Â'r dŵr sy wedi mynd.

Rho dy law i helpu'r gwan,
Parcha ddeddfau Duw,
Gwna gymwynas yn dy dro,
Dyna'r ffordd i fyw,
Cofia gadw calon lân
Er pob pechod sydd,
Bydd dy enw yn fwy glân
Yn y Farn a fydd;
Fe ddaw'r cyfri' maes o law,
Paid ag anghofio, ffrind –
'D yw'r felin ddim yn malu
Â'r dŵr sy wedi mynd.

Abiah Roderick

Storïau da oedd y damhegion. Cofiwn fod yna gymaint o bethau materol yn ein byd ni all ddenu'n sylw ni ac ennill ein bryd. Yn anffodus, wrth inni ganol-bwyntio'n ormodol arnynt, anghofiwn am bethau gwerthfawrocaf bywyd sydd ym meddiant pob yr un ohonom.

Pennod 11

Cynnydd y Gwrthwynebwyr

Cofiwn fod Iesu o Nasareth tua deg-ar-hugain oed pan fedyddiwyd ef yn afon yr Iorddonen gan Ioan Fedyddiwr. Yr oedd wedyn i ddechrau ar ei weinidogaeth.

Galwodd ddisgyblion, a gadawsant hwy eu gwaith a'i ganlyn. Buont yn cynorthwyo Iesu yn ystod ei weinidogaeth, ac yn llygad-dyst i'r pethau mawrion a wnaeth.

O ddechrau cyfnod ei weinidogaeth gorfu i Iesu ymdrechu'n galed yn erbyn gelyniaeth ystyfnig. Bu gwrthwynebiad cryf i'w bregethu. Cododd ei bregethu ddychryn a chenfigen ymhlith arweinwyr crefyddol yr Iddewon yn Jerwsalem.

Aeth yr amser heibio, ac fel yr oedd brwdfrydedd a diddordeb canlynwyr Iesu'n cynyddu, bu cynnydd arall, cynnydd yn y gwrthwynebiad i'w bregethu. Drwy gydol ei weinidogaeth mae sôn amdano Ef a'i ddisgyblion yn gorfod ffoi i'r lan arall neu tu hwnt i'r Iorddonen o afael ei wrthwynebwyr.

Wedi tair blynedd o weinidogaeth daeth adeg y Pasg unwaith eto. Gwnaeth Iesu ei ffordd i gyfeiriad Jerwsalem yng nghwmni ei ddisgyblion. Cofiwch mai Jerwsalem oedd prif ddinas yr Iddewon.

Ar adeg y Pasg bob blwyddyn yr oedd y ddinas yn orlawn a phob gwesty yn llawn. Gwelid mwy o Rufeiniaid yno nag arfer. Gwyddent am arferiad yr Iddewon i ymgasglu yn y ddinas, a sicrhaent fod digon o filwyr yno rhag ofn i unrhyw wrthwynebiad godi yn erbyn yr Ymerodraeth.

Tybed a wnaeth Iesu Grist y peth iawn i fynd i Jerwsalem ar adeg y Pasg? Gwyddai yn iawn erbyn hyn am wrthwynebiad yr Iddewon iddo, ac eto dyma ef yn mentro i'w canol ar adeg y Pasg, i gadw'r Ŵyl yn ôl ei arfer.

Tra yng nghyffiniau Bethphage a Bethania anfonodd ddau ddisgybl i fenthyca asyn. Ar gefn yr asyn y marchogodd i mewn i Jerwsalem.

"Taenodd tyrfa fawr iawn eu mentyll ar y ffordd, ac yr oedd eraill yn torri canghennau o'r coed ac yn eu taenu ar y ffordd." (Mathew 21.8).

Myfyrdod

Nid y canghennau a daenwyd o'i flaen ar y ffordd a welai Iesu'n unig. Sylwai ar ganghennau'r coed o'i gwmpas yn ogystal, a rheiny yn chwifio'n ôl ac ymlaen, ac i bob cyfeiriad arall, gan yr awel rydd. Ym meddwl Iesu ei hun ymddangosent fel yr amryw bobl a gyfarfyddai yn ystod yr Wythnos Fawr – pobl a wyrai i gyfeiriadau gwahanol o dan ddylanwadau estron!

Gwahanol iawn oedd agenda Iesu o'i chymharu ag un yr awdurdodau, er enghraifft. Â'r dorf yn ei chanol hi! Er fod dewis gan y dorf, nid trwy wneud un ymwybodol a chyfrifol y gweithredai hi yn fynych. O na, yn hytrach ei thuedd fyddai cael ei hudo gan emosiwn gwyllt a gorffwyll y foment. Weithiau ffordd hyn, bryd arall ffordd arall! Mewn deuair: ecstasi arwynebol! Yn wir, synhwyrai Iesu, wrth fynd i mewn i Jerwsalem am y tro olaf, y byddai croeso brwd Sul y Blodau yn troi'n sgrech waedlyd ar Wener y Groglith!

Os oedd yna gysgodion naturiol o'i ôl ef a'r ebol-asyn pan rodient i'r ddinas ar Sul y croeso, yn llygad ei feddwl a dyfnderoedd ei ysbryd, wrth ystyried y rhagolygon am y dyddiau nesa' a wynebai, cysgodion o fath gwahanol iawn welai Iesu'n crynhoi! Cysgodion enbyd o dywyll.

* * *

Emyn y Pasg

Cofiwn am y dorf yn chwifio
Cangau'r palmwydd yn llawn hwyl,
Pan oedd Iesu yn marchogaeth
Ar ei daith i gadw'r Ŵyl:
    "Haleliwia"
Oedd y floedd i'w foli Ef.

Cofiwn am y dorf yn gwawdio
A chernodio Brenin nef,
Gan roi croesbren yn lle coron
Er mwyn difa'i fywyd Ef:
    "Rhaid croeshoelio"
Ydoedd gwaedd yr ynfyd lu.

Cofiwn am y bore sanctaidd
Pan ddaeth gobaith gyda'r wawr,
Gwelwyd bywyd yn orchfygol,
Ni raid ofni'r bedd yn awr:
    "Atgyfododd"
Ydyw neges gwyrth y Pasg.

D. J. Thomas

Pan ddaeth ef i mewn i Jerwsalem cynhyrfwyd y ddinas drwyddi. Yr oedd pobl yn gofyn, *"Pwy yw hwn?"* (Mathew 21.10), a'r tyrfaoedd yn ateb, *"Y proffwyd Iesu yw hwn, o Nasareth yng Ngalilea."* (Mathew 21.11).

Yr Ebol Asyn

Pan nad oedd llety Iddo
Bu un o'th hil mor hael
A rhoddi gwely Iddo
Yn ei gadachau gwael.

A chofiodd am gymwynas
Y preseb ddyddiau'i gnawd
A rhannodd o'i ogoniant
Â chwi, hen deulu'r gwawd.

Ar lwdn un ohonoch
Yr aeth mewn rhwysg drwy'r dref,
A'r dyrfa fawr yn gweiddi
"Hosanna Iddo Ef!"

Ac yntau'r ebol asyn,
Yn falch ei gam a'i drem,
A deithiai'r dwthwn hwnnw
Drwy byrth Jerwsalem.

Nis tarfai llef y dyrfa
Na'r palmwydd dan ei droed
Cans ar ei war fe deimlai
Y llaw dynera erioed.

A phlyga'i ben yn wylaidd
A'i glustiau ar ddi-hun,
Yn gwrando ar hyfrydlais
Y Meistr Mawr ei Hun.

I. D. Hooson

Wedi cyrraedd y ddinas, aeth Iesu i'r Deml. Yn y fan honno ni welodd y fath olygfa erioed. Syllodd ar yr holl gyfnewidwyr arian oedd yno. Y bobl hyn oedd yn newid arian gwledydd eraill am arian Iddewig.

Yr oedd Iesu'n anfodlon i hyn. Gafaelodd yn y byrddau a'u troi nes i'r arian redeg ar lawr; bwriodd yr holl bobl allan o Deml yr Arglwydd gan ddweud wrthynt, *"Y mae'n ysgrifenedig: A bydd fy nhŷ i yn dŷ gweddi, ond gwnaethoch chwi ef yn ogof lladron."* (Mathew 21.13).

Tra roedd yno yn y Deml daeth archoffeiriaid a henuriaid y bobl ato gan ofyn iddo: *"Dywed wrthym trwy ba awdurdod yr wyt ti'n gwneud y pethau hyn, neu pwy roddodd i ti'r awdurdod hwn."* (Luc 20.2).

Yr oedd Iesu Grist wedi wynebu cwestiynau o'r fath o'r blaen. Nid dyma'r tro cyntaf iddo wynebu gwrthwynebiad. Wrth iddo farchogaeth i Jerwsalem a chael y fath groeso a derbyniad gan y llu o bobl, sylweddolodd y Phariseaid ac ysgrifenyddion y bobl fod Iesu yn her i'w hawdurdod. Aethant ati i gynllunio modd i'w ddiffetha ef.

O safbwynt yr Iddewon ac o safbwynt y Rhufeiniaid rhaid oedd cael rheswm digonol i'w draddodi i farwolaeth. Pa gyhuddiadau oedd yn erbyn Iesu?

1. Ei awdurdod i faddau pechodau

"Wrth weld eu ffydd hwy dywedodd ef,
  Ddyn y mae dy bechodau wedi eu maddau iti." (Luc 5.20)

A dechreuodd yr ysgrifenyddion a'r Phariseaid feddwl, *"pwy yw hwn sy'n llefaru cabledd? Pwy ond Duw yn unig all faddau pechodau?"* (Luc 5.21)

Gwelir yn y fan yma holiad yr Iddewon am awdurdod Iesu Grist i faddau pechodau. Yn eu tyb hwy Duw yn unig allai faddau pechodau dyn.

2. Iesu Grist yn torri'r Saboth

Cofiwn ar un adeg i Iesu a'i ddisgyblion gerdded drwy gae o ŷd ar y Saboth. Aeth nifer o'r disgyblion ati i gasglu o'r tywysennau ŷd.

Sylwodd y Phariseaid ar y digwyddiad hwn.

Dro arall aeth Iesu i'r synagog, ac yno yr oedd dyn â chanddo law wedi gwywo.

Gwyliodd y Phariseaid Iesu yn iacháu ar y dydd Saboth. Yr oedd iacháu yn y modd hwn yn anghyfreithlon yn ôl athrawon y synagog, heblaw bod bywyd dyn yn y fantol. Ond nid oedd hynny o bwys iddynt hwy.

3. Iesu Grist yn gyfaill Publicanod a phechaduriaid

Credai Iesu mai'r unig ffordd i wneud dynion yn well oedd i gymysgu â hwy gan siarad am eu problemau. Yn y modd hwn deuai pobl i weld bywyd daionus Iesu ei Hun. Roedd ymateb i bobl yn un o ragoriaethau bywyd Iesu. Gwerthfawrogwyd Ei barodrwydd i wrando ynghyd â'i gyngor iddynt.

4. Ei wrthod yn Nasareth

Siom fawr i Iesu oedd cael ei wrthod yn ei hen gynefin. Oni ddisgwyliai ymateb amgenach gan bobl ei brifddinas ei hun yn Jerwsalem?

Cyhuddwyd Iesu Grist o'r cyfan hyn – ei fod yn honni'r un awdurdod â Duw i faddau pechodau, ei fod yn torri'r gyfraith drwy iacháu ar y Saboth, ei fod yn euog o fyw ymhlith pechaduriaid a phublicanod.

Cawn weld yn y bennod nesaf y cyhuddiadau hyn yn erbyn Iesu o Nasareth.

Pennod 12

Cyhuddo Iesu

Ar ddechrau'r wythnos marchogodd Iesu ar gefn asyn i mewn i Jerwsalem. Yn ystod y dyddiau dilynol aeth Iesu'n aml i'r Deml gan siarad â'r bobl. Drwy gydol yr amser yr oedd y Phariseaid ac aelodau'r Sanhedrin, sef awdurdodau'r Deml, yn ei wylio. Yn gyson meddylient am ffordd i ddal Iesu. Ni allent wneud hyn yng ngolau dydd ac ymhlith y cyhoedd.

Cofiwch inni sôn yn y bennod olaf am nifer o gyhuddiadau a ddygwyd yn erbyn Iesu Grist. Cyhuddiadau oeddynt yn gysylltiedig â chrefydd yr Iddew. Ni wyddai'r Rhufeiniaid lawer am grefydd yr Iddewon, ac nid oedd arferion a thraddodiadau'r genedl Iddewig o fawr ddiddordeb iddynt.

Chwiliodd y Phariseaid am achos i ddwyn Iesu o flaen awdurdod Rhufain. Cofiwch inni sôn yn gynnar yn y llyfr am y trethi a osodwyd ar y bobl i dalu am y cyfleusterau.

Daeth nifer o Phariseaid gyda rhai o gefnogwyr y Rhufeiniaid at Iesu a gofyn iddo am ateb cwestiwn iddynt, a dyma'r cwestiwn:

"Yr wyt yn ddyn gonest, bob amser yn sôn am wirionedd Duw, beth yw dy farn di – A ddylem dalu treth i Gesar?" (Mathew 22.17).

Sylweddolodd Iesu ei fod mewn safle anodd iawn. Gwyddai nawr ei fod rhwng y bobl a'r Rhufeiniaid. Gofynnodd Iesu am weld darn arian â phen Cesar arno. Dyma Iesu yn ateb y cwestiwn.

"Gan hynny, talwch bethau Cesar i Gesar, a phethau Duw i Dduw."
(Mathew 22.21).

Cynghorodd yr holl bobl i roi'r darn arian i Cesar, ond i roi eu bywyd i Dduw.

Ar y diwrnod canlynol bu cyfarfod pwysig o dan arweiniad Caiaphas. Yno yr oedd aelodau'r Sanhedrin, sef Cyngor yr Iddewon, i gwrdd i drin â phroblem y dydd, sef Iesu o Nasareth. Yn eu plith yr oedd Nicodemus (a ddaeth at Iesu liw nos), Joseff o Arimathea ac eraill. Dynion oedd y rhain a hoffai Iesu i raddau, ac nid oeddynt am iddo gael drwg. Wrth gwrs ni allent ddangos eu teimladau ger bron yr holl Phariseaid eraill.

Bu dadlau brwd yn y cyfarfod, o blaid Iesu ac yn ei erbyn. Gofynnodd un neu ddau a oedd yna dystiolaeth bendant yn erbyn Iesu? Gofynnodd eraill a oedd Iesu'n haeddu marw? A oedd tystion ar gael a fyddai'n fodlon tystiolaethu yn ei erbyn? Gwastraff amser fyddai dod â Iesu ger bron y Rhufeiniaid heb brawf o'i euogrwydd.

Ceisiodd rhai o aelodau'r Sanhedrin ddweud bod Iesu'n honni mai ef oedd y Meseia, ond nid oedd neb wedi clywed Iesu'n honni hyn. Beth bynnag ni fuasai tystiolaeth o'r fath o fawr ddiddordeb i Pilat. Ceisiodd eraill ddweud mai cyhudd-iad cryfach o lawer fyddai dweud nad oedd Iesu'n cydnabod Cesar. Byddai'r cyhuddiad hwn o ddiddordeb i Pilat.

Yn y cyfamser yr oedd Jwdas Iscariot, un o'r deuddeg disgybl, yn cynllwyno gydag aelodau o'r Sanhedrin i fradychu Iesu Grist, ac i dystiolaethu yn ei erbyn. Cofnodir i Jwdas gael tâl uchel am y gwasanaeth hwn.

Roedd Gŵyl y Pasg yn agosáu a daeth y disgyblion at Iesu a'i holi ynglŷn â lle addas i baratoi'r Pasg. Yn ôl Iesu, aethant at y cyfryw un yn y ddinas ac ail-adrodd Ei eiriau: *"Y mae fy amser i'n agos, yn dy dŷ di yr wyf am gadw'r Pasg gyda'm disgyblion."* (Luc 26.18).

Tra roedd y cynllwyno yn ei erbyn yn dwysáu, treuliodd Iesu a'i ddisgyblion eu hamser yn chwilio am le addas i baratoi'r Pasg, neu Gŵyl y Bara Croyw, fel y gelwid hi.

Cafodd Iesu a'i ddisgyblion fenthyg goruwch-ystafell i gadw'r ŵyl. Nid yn yr ystafell honno y dechreuwyd cadw'r ŵyl. Yr oedd hon yn hen ŵyl flynyddol, ac arferai pobl gadw'r ŵyl hon flynyddoedd mawr cyn dyfodiad Iesu. Cedwid yr ŵyl ymhlith yr Israeliaid. Dyma'u ffordd hwy o gofio iddynt gael eu rhyddhau o'u bywyd fel carcharorion yn yr Aifft.

Mae teitl yr ŵyl, "Gŵyl y Bara Croyw", o ddiddordeb i ni. Bara croyw oedd bara heb ferem ynddo – bara felly oedd heb godi. Mae'n debyg na chafodd yr Israeliaid amser i osod berem yn y bara gan eu bod yn gadael yr Aifft ar frys.

Arferent fwyta bara a llysiau chwerw i gofio am chwerwder caethwasiaeth yr Aifft. Wedi'r swper byddai pennaeth y tŷ yn cymryd cwpan o win. Gelwid hwn yn "gwpan y fendith" a gorffenwyd y swper drwy ganu emyn neu salm.

Dyma'r ŵyl roedd Iesu Grist am ei chadw gyda'i ddisgyblion y noson honno. Cedwir yr ŵyl o hyd ymhlith Iddewon y byd. Mae gennym ninnau yn ein capeli a'n heglwysi wasanaethau tebyg, sef Swper yr Arglwydd neu'r Cymundeb.

Y noson honno yr oedd miloedd o bobl wedi ymgaslu yn Jerwsalem i gadw'r ŵyl. Aeth Iesu a'i ddisgyblion i'r oruwch-ystafell. Yr oedd y wledd i ddechrau. Sylwodd y disgyblion fod un person yn absennol o'r cwmni, sef gwas y tŷ a oedd bob amser i olchi traed y gwahoddedigion cyn swper. Mae gwlad Canaan yn wlad boeth iawn, ac roedd yn arferiad i olchi traed cyn bwyta. Nid oedd yr un gwas yno. Pwy oedd i wneud y ddyletswydd hon tybed?

Daeth syndod i wyneb y disgyblion pan welsant yr Arglwydd Iesu yn cymryd cawg o ddŵr a thywel, ac yn paratoi i olchi eu traed.

Pan ddaeth at Simon Pedr, yr oedd hwnnw'n anfodlon iawn i Iesu Grist olchi ei draed. *"A wyt ti Arglwydd yn golchi fy nhraed i?"* (Ioan 13.6) meddai. Cafodd ateb i'w gwestiwn a chlywodd na allai unrhyw un fyth fod yn ganlynwr Iesu Grist heb fod yn barod i olchi traed. Yr oedd Iesu Grist yn Arglwydd, ond, yr oedd hefyd yn was i bawb.

Y noson honno cafodd y disgyblion ddeall ystyr newydd yr ŵyl wedi iddynt glywed geiriau Iesu. Torrodd y bara a'i rannu. Felly y gwnaeth gyda'r gwin. Roedd bara i atgoffa'r disgyblion fyth mwy am gorff Iesu, a'r gwin i'w hatgoffa o'i waed. Yn yr un modd y cofia pobl amdano o hyd. Yn ystod y Swper Olaf daeth braw i galon pob un o'r disgyblion pan glywsant fod un ohonynt hwy o bawb i fradychu Iesu. Heddiw, yn Swper yr Arglwydd, sef y Cymun, yr ydym yn coffáu Iesu, ac yn Ei gadarnhau yn Arglwydd Bywyd.

Bradychwyd Iesu Grist gan un o'i ddisgyblion. Gwadwyd ef gan Simon Pedr. Ni allai Pedr gredu ei glustiau ei hun pan ddywedodd Iesu Grist wrtho: *"Rwy'n dweud wrthyt y bydd i ti heno nesaf, cyn i'r ceiliog ganu ddwywaith, fy ngwadu i deirgwaith."* (Mathew 26.34).

Cyfeiriad oedd 'y ceiliog' at utgorn amser a alwai'r garsiwn Rhufeinig yn Jerwsalem at eu dydd gwaith.

Myfyrdod

Dyma oedd Swper y Symbolau – y bara a'r gwin ar y bwrdd. Y naill wedi'i dorri, yn symbol o'r corff toredig; y llall yn symbol o'r gwaed a dywalltwyd.

Beth am y lluniau eraill hefyd – y rhai dynol! Pedr y gwadwr, Jwdas y bradwr, a Thomas yr anghredadun!

Onid oedd yma ddau fyd hefyd? Cynrychiolid bydoedd gwrthgyferbyniol wrth y bwrdd hwn. Tywysog Tangnefedd, Tywysog y Goleuni, ac un y Gobaith a'r Bywyd oedd y naill. Tywysog twyll, un tywyllwch a marwolaeth oedd y llall. A'r ddau mor agos. Ac yma – wrth y bwrdd – o bob man! Ie, dyma Swper y Cyfamod Newydd ac un y bradychu mawr.

Cyn 'ymadael' â'r oruwch-ystafell, atgoffwn ein hunain unwaith eto o ymadroddion y Swper Olaf:

"Bydd un ohonoch chwi yn fy mradychu i." (Luc 26.21).

"Un a wlychodd ei law gyda mi yn y ddysgl, hwnnw a'm bradycha i."
(Luc 26.23).

"Nid myfi yw, Rabbi." (Luc 26.25).

"Hyd yn oed petai'n rhaid i mi farw gyda thi, ni'th wadaf byth." (Luc 26.35).

Awgrymir bod i Swper yr Arglwydd bedair elfen.

1. CYFAMOD. Yn wahanol i bob cyfamod arall a wnaed: *"Hwn yw'r cyfamod newydd yn fy ngwaed"*. Neu: *"Hwn yw fy ngwaed o'r Testament Newydd yr hwn a dywelltir dros lawer er maddeuant pechodau."*

Un o elfennau pwysicaf bob cyfamod a wneir yw'r addewid – yr addewid o deyrngarwch a ffyddlondeb. Pe gofynnid pa fath o gyfamod oedd cyfamod newydd y Meistr, fe ellid ateb trwy ddyfynnu emyn a ganwyd gennym ganwaith

– emyn Edward Jones sy'n dechrau â'r llinell gadarnhaol: *"Cyfamod hedd, cyfamod cadarn Duw."* (*Caneuon Ffydd*, Rhif 207).

2. COFFADWRIAETH. Gweithred holl bwysig yw cofio. Beth gofiwn wrth ddathlu Swper yr Arglwydd? Cofiwn berson yr Arglwydd Iesu. *"Gwnewch hyn er coffa amdanaf."* Ie:

> 'Mawr oedd Iesu yn ei berson;
> Mawr fel Duw a mawr fel dyn.'

Cofiwn hefyd farwolaeth y 'person rhyfedd hwn' – yr offeiriad a roes ei hun yn offrwm 'dros bechod'. Ond, rhag inni anghofio, dylid cymuno'n gyson: *'cynnifer gwaith bynnag'*. Ac nis cyfyngir ei wahoddiad i fwyta o'r bara ac yfed o'r gwin, i rywrai dethol yn unig. Gwahoddiad 'i bawb' yw un y Meistr – o ba genedl bynnag, neu iaith, neu gefndir neu ddiwylliant. *"Deuwch ataf fi bawb . . .!"*

3. CYMUNDEB. Oni ddefnyddiwyd y gair arbennig hwn yn rhy fynych i ddisgrifio rhyw gyfarfodydd achlysurol o fathau gwahanol? Ac onid cam-ddefnydd yw hynny? Yn y *Geiriadur Cymraeg* awgrymir y gair 'cyfeillach' fel yr un cyfystyr i'r gair 'cymundeb'. A dyna ydyw. Cyfathrach – y berthynas agosaf a dyfnaf posib, y cymundeb cyson – rhwng Iesu â'r Tad. Ni hyn yn unig, ond ein cymundeb ninnau, drwy ffydd, â'r Arglwydd Iesu.

4. CYSEGRIAD. Mewn ymateb i'w Aberth Ef rhown ninnau'n hunain yn 'ebyrth byw'. Dyma yw'n 'rhesymol wasanaeth' neu'n 'haddoliad deallus' – sef ein hymgysegriad. Cysegru'n hunain a'n hadnoddau, ein harian a'n hamser mewn ymateb i'r Un *'a roes ei hun yn bridwerth dros bechod'*. Ie:

> 'Fy hunan oll i Ti, O! Iesu da'.
>
> **Elfed**
>
> (*Caneuon Ffydd*, Rhif 757).

*   *   *

Gadawodd Iesu a'i ddisgyblion yr ystafell wedi gorffen yr ŵyl, ac aethant allan yn ôl eu harfer i Ardd Gethsemane. Perllan oedd yr ardd hon.

Myfyrdod

Roeddent wedi ymadael â'r Oruwch-ystafell, a mynd allan. I ble tybed? Daethant i le rhyfedd iawn! Ie, Gardd Gethsemane, un o'r gerddi ar lechweddau Mynydd yr Olewydd.

Cofiai Iesu iddo, ychydig yn gynharach, aros ym mhen ucha'r ardd a syllu draw ar Jerwsalem. Gwelai yno, ymhlith yr adeiladau eraill, y Deml. Ymddangosai ei waliau mor olau yn yr heulwen braf; ond, gwyddai Iesu yn ei galon, fod golau'r nef o'u mewn wedi diffodd yn llwyr! Wylodd dros Jerwsalem. Ac yn y fan honno adeiladwyd Eglwys y Dominus Flevit, â'i thô, mae'n debyg, ar ffurf deigryn i gofio moment yr wylo.

Jerwsalem drwy ffenestr Eglwys y Dominus Flevit.

Dechreuodd perthynas Iesu â'i ddisgyblion ddirywio yn yr Oruwchystafell – a hynny am resymau amlwg. Nid syndod felly fod ei fynediad i'r Ardd yn ddechrau cyfnod o unigrwydd dwys yn ei bererindod yntau. Wrth ystyried ing Gethsemane ni allwn mwy na dyfalu. Gallwn geisio rhesymu a dehongli, neu dybio a dychmygu. Gallwn geisio cydymdeimlo, hyd yn oed. Ond ceisio yw'r gorau allwn ni wneud. Ni allwn wybod! Ni allwn brofi fel y profodd Iesu. Na; dim ond syllu o bell, a'i wylio'n cerdded i unigrwydd dyfn-ddwys Gardd Gethsemane.

Bellach, yr oedd yr un-ar-ddeg – nid y deuddeg sylwer – gyda Iesu yng Ngardd Gethsemane. Ciliodd Jwdas y bradychwr eisoes. Gadawyd wyth o'r disgyblion ar ymylon yr ardd. Ac aeth Iesu, a'r tri arall – Pedr, Iago ac Ioan – ymlaen i berfeddion yr ardd. Serch hynny, dim ond hyd rhyw fan yr aethai'r tri uchod gydag e'. Ni allent hwythau, hyd yn oed, fynd ymhellach!

Yng nghyd-destun ein bywydau ni, teg ymholi – onid oes arnom ninnau hefyd, bob un ohonom, angen y munudau tawel, personol a phreifat hynny? Munudau:

'Heb neb ond Duw a ninnau 'nghyd
Yn y gyfrinach fwyn'

Yn seicolegol, onid personol-breifat yw bob profiad? Ac, ond yn rhannol gyfathrebol. Ai gormodiaeth yw dweud, fel y dywedwyd flynyddoedd yn ôl gan rywun: *"Everyman's experience is his alone. Incomunnicable!"*?

Ie, yn y man cysegredig hwnnw y gweddïodd Iesu ar ei Dad deirgwaith:

"Abba Dad! Y mae pob peth yn bosibl i ti. Cymer y cwpan hwn oddi wrthyf. Eithr nid yr hyn a fynnaf fi, ond yr hyn a fynni Di." (Marc 14.36).

A dychwelodd at ei ddisgyblion deirgwaith. A'u cael yn cysgu! Ond y drydedd waith honno gwelai bethau mewn goleuni gwahanol. Onid oedd wedi offrymu gweddi bersonol yn dilyn ei brofiad personol, a bellach wedi ildio i benderfyniad personol tyngedfennol?

Ond a yw'r olwg ar Iesu yng ngardd Gethsemane yn creu anhawster? Onid anhygoel ac anealladwy y fath sefyllfa? Ac nid siarad am gyd-destun daearyddol a hanesyddol wnawn ni yma ond am gyflyrau corfforol, meddyliol a seicolegol!

Ai teg gofyn pa obaith sy'n deillio o brofiadau o'r fath?

Wrth gwrs! A dyma'r neges gadarnhaol. Ers dyddiau Iesu yng Ngardd Gethsemane, yng nghanol bob profiad neu brofedigaeth, mae yna ewyllys fyw, gariadlon sy'n estyn ei llaw. Dyma'r math o brofiad a arweiniodd i John Roberts allu tystio:

'Pan fwyf yn teimlo'n unig lawer awr
heb un cydymaith ar hyd llwybrau'r llawr,
am law fy Ngheidwad y diolchaf i
â'i gafael ynof er nas gwelaf hi.'

John Roberts
(*Caneuon Ffydd*, Rhif 758).

*   *   *

Yn yr ardd eisteddodd y disgyblion ar y glaswellt, ac aeth Iesu ychydig ymlaen i weddïo'n dawel ar ei Dad. Yr oedd popeth mor dawel y nos honno, y coed yn llonydd a'r wlad yn ddistaw.

Pan ddychwelodd Iesu at ei ddisgyblion yr oeddynt wedi mynd i gysgu. Galwodd Iesu arnynt. Cawsant fraw o glywed ei lais. Gorchymynnodd iddynt wylio dros yr ardd. Aeth eilwaith i weddïo, a phan ddychwelodd atynt yr oeddynt eto wedi syrthio i gysgu. Felly y bu hi y drydedd waith.

Wedi dychwelyd atynt y drydedd waith, clywodd Iesu a'i ddisgyblion sŵn traed yn agosáu a'r ardd yn cael ei goleuo. Yn sydyn llanwyd yr ardd â milwyr. Daeth Jwdas at Iesu i'w fradychu drwy gusan. Dygwyd Iesu ymaith i ateb y cyhuddiadau. Gadawyd y disgyblion yn yr ardd wedi eu syfrdanu gan ddigwyddiadau mor sydyn.

Iesu gerbron y Sanhedrin

Pan arweiniwyd Iesu i ffwrdd, penderfynodd Simon Pedr ddilyn. Bu'n ddigon gofalus i gadw'n ôl rhyw ychydig rhag ofn i rywun ei gysylltu â Iesu Grist.

Aethpwyd â Iesu i balas un o'r prif archoffeiriaid. Gwelodd Pedr hyn ac aeth yn agos i borth y palas. Tra'r oedd yn sefyll yno yn ceisio dyfalu beth a ddigwyddai i Iesu, daeth dyn ato, dyn oedd yn dal swydd yn y palas, a gofyn i Pedr a hoffai fynd i mewn.

Tra roedd yn sefyll yn y fan honno daeth un o wragedd y palas ato a'i gyhuddo o fod yn un o ganlynwyr y dyn o'r enw Iesu.

"Nid wyf fi'n ei adnabod, ferch," (Luc 22.57) atebodd Pedr.

Wedi clywed hyn daeth ceidwad y drws at Pedr a dweud: *"Yr wyt tithau yn un ohonynt."* (Luc 22.58)

Ymhen rhyw awr dechreuodd un arall daeru: *"Yn wir, yr oedd hwn hefyd gydag ef, oherwydd Galilead ydyw."* (Luc 22.59).

Atebodd Pedr eto: *"Nac ydwyf, ddyn. Ddyn nid wyf yn gwybod am beth yr wyt ti'n sôn."* (Luc 22.60).

Wedi i Pedr wadu'r drydedd waith clywodd yn y pellter sŵn utgorn, ac ar y foment honno cofiodd eiriau Iesu. Rhedodd allan o'r palas gan wylo'n druenus.

Cymerwyd Iesu ger bron Cyngor y Sanhedrin, yn cynnwys aelodau blaenllaw y Genedl Iddewig, ac yn eu plith Annas a Chaiaffas, aelodau pwysica'r cyngor.

Galwyd nifer fawr o dystion i dystiolaethu yn erbyn Iesu Grist. Yr oedd tystiolaeth pob un ohonynt i raddau yn wahanol, ac yr oedd yn amlwg i bawb nad oedd unrhyw dystiolaeth bendant yn erbyn Iesu.

Yr oedd Caiaffas yn anfodlon iawn am hyn. Trôdd yn sydyn at Iesu, na ddywedasai ddim hyd yn hyn.

Meddai Caiaffas wrtho: *"Ai y Meseia wyt ti, a wyt ti yn Fab Duw?"* (Mathew 26.63).

Atebodd Iesu: *"Ie, Myfi yw ef, cewch weld Mab y Dyn yn eistedd ar ddeheulaw Duw."* (Mathew 26.64).

Cynhyrfodd pawb wrth glywed y geiriau hyn ac meddent: *"Pa raid inni wrth dystiolaeth bellach? Oherwydd clywsom ein hunain y geiriau o'i enau ef."* (Mathew 26.65).

Dyfarniad a barn pob un o'r Cyngor oedd y dylid rhoi Iesu i farwolaeth.

Cofiwch inni sôn yn ail bennod y llyfr mai cyfrifoldeb y Sanhedrin oedd delio â chyhuddiadau yn ymwneud â chrefydd y Genedl, ond ni allai'r Cyngor hwn roi neb i farwolaeth. Cynrychiolwyr yr Ymerodraeth Rufeinig allai wneud hyn. Felly, i sicrhau diwedd Iesu Grist aethpwyd ag Ef ger bron y rhaglaw, sef Pilat.

Iesu Grist ger bron Pilat

Aethpwyd â Iesu i balas Pilat i sefyll ei brawf. Aeth nifer o aelodau'r Sanhedrin yno i dystiolaethu yn ei erbyn.

Ger bron Pilat ceisiodd y Sanhedrin gyhuddo Iesu o fod yn Fab Duw ac yn Frenin yr Iddewon. Nid oedd achos crefyddol fel hyn o fawr ddiddordeb i Pilat. Sylwodd aelodau'r Sanhedrin nad oedd gan y rhaglaw ddiddordeb yn y cyhuddiad. Ar unwaith dechreusant ei gyhuddo o wrthod talu teyrnged i Gesar.

Wedi clywed y cyhuddiad hwn sylweddolodd Pilat ei bod hi'n ddyletswydd arno wneud rhywbeth, ond drwy'r cyhuddiad daeth i weld mai Galilead oedd Iesu. Trôdd at aelodau'r Sanhedrin a'u hysbysu nad ei gyfrifoldeb ef oedd achos Iesu Grist, oherwydd mai Herod Antipas oedd yn gyfrifol am achosion Galilea.

Iesu Grist ger bron Herod

Ar unwaith aethpwyd â Iesu i balas Herod. Yr oedd Herod wedi bod yn awyddus ers amser i weld y dyn Iesu.

Gwnaethpwyd cyhuddiadau lawer ger bron Herod. Holodd Herod Iesu am hir amser. Ond nid atebodd Iesu ef. Yr oedd hyn yn siom i Herod.

Anfonodd Iesu Grist yn ôl at Pilat.

Erbyn hyn yr oedd tyrfa fawr o bobl wedi ymgasglu tu allan i'r palas.

Dywedodd Pilat wrth y prif offeiriad ac aelodau'r Cyngor: *"Yn awr yr wyf fi wedi holi'r dyn hwn yn eich gŵydd chwi a heb gael ei fod yn euog o unrhyw un o'ch cyhuddiadau yn ei erbyn."* (Luc 23.14). Yr oedd arferiad i ollwng un troseddwr yn rhydd cyn Gŵyl fawr yr Iddewon. Nid oedd y dyrfa'n fodlon i hyn. *"Ymaith â hwn, rhyddha Barabas inni."* (Luc 22.18).

Myfyrdod

Pa opsiynnau oedd gan Pilat? Wedi clywed ymateb y dorf i'w gwestiwn a'u cais i ryddhau Barabas, gofynnodd Pilat ei gwestiwn mawr – un o gwestiynau mwyaf y Testament Newydd, cwestiwn y ceisiodd pobl dros ugain canrif ei ateb:

'Pa beth a wnaf â Iesu a elwir y Meseia?' (Mathew 27.22).

Roedd gan Pilat yr opsiwn o anwybyddu Crist, neu ganlyn Crist, neu groes-hoelio Crist. Mae'r un opsiynnau yn agored i ni. Gyda llaw, yr Ymerawdwr Rhufeinig cyntaf i fod yn Gristion oedd Cystennin (306-327 O.C.). Gwnaeth Gristnogaeth yn grefydd swyddogol yr Ymerodraeth. A fu hyn yn fendith? Tybed!

* * *

Ceisiodd Pilat ymresymu â'r dyrfa ond ni allai glywed ei lais ei hun gan sŵn gweiddi'r dyrfa. *"Croeshoelia ef! Croeshoelia ef!"* (Luc 22.21).

Sylweddolodd Pilat nad oedd unrhyw bwrpas dadlau achos Iesu Grist ymhellach. Daeth ysgrifennydd Pilat i ysgrifennu achos Iesu ar ddarn o bren "Iesu o Nasareth , Brenin yr Iddewon".

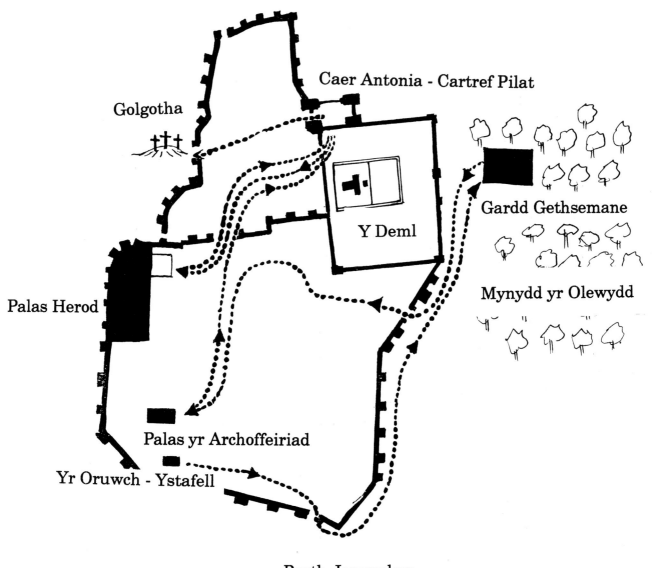

Golgotha

Caer Antonia - Cartref Pilat

Y Deml

Gardd Gethsemane

Mynydd yr Olewydd

Palas Herod

Palas yr Archoffeiriad

Yr Oruwch - Ystafell

Porth Jerwsalem

Y NOSON OLAF YN JERWSALEM

Pennod 13

Marwolaeth ac Atgyfodiad Iesu

Yn gynnar y bore, ar Wener y Groglith, dygwyd Iesu allan o'r ddinas. Cafodd y darn pren ei glymu am wddf Iesu.

Rhoddwyd croesbren fawr Iddo i'w lusgo tua'r bryn lle'r arferid croeshoelio troseddwyr. Yr oedd y groes yn drom a Iesu'n teimlo'n flinedig iawn erbyn hyn. Syrthiodd i'r llawr o dan y pwysau. Gorfodwyd dyn arall i gario'r groes a'i enw oedd Simon o Cyrene. A beth amdanom ni – ai cael ein gorfodi i gario'r groes ydym?

Cyn hir cyrhaeddwyd y man lle y croeshoeliwyd troseddwyr. Gosodwyd y groes i fyny a hoeliwyd Iesu iddi. Uwch ei ben Ef hoeliwyd y darn pren â'i achos yn ysgrifenedig arno: "Iesu o Nasareth, Brenin yr Iddewon".

Yr oedd y geiriau hyn mewn tair iaith, ac wrth inni gofio am wreiddiau amrywiol pobl gwlad Palesteina, gwelwn eu harwyddocâd. Ysgrifennwyd yr achos mewn Hebraeg, Lladin a Groeg. Hebraeg i gynrychioli iaith crefydd yr Iddewon; Lladin, iaith llywodraeth yr Ymerodraeth Rufeinig; a Groeg, iaith diwylliant ac addysg.

Llefarodd Iesu nifer o weithiau ar y Groes, gan weddïo yn ogystal, ond nid gweddïo dros ei hunan a wnaethai ond dros eraill, er enghraifft: *"O, Dad, maddau iddynt, oherwydd ni wyddant beth y maent yn ei wneud."* (Luc 23.34).

O amgylch y llecyn hwnnw yr oedd nifer fawr o bobl amrywiol. Wrth draed y groes yr oedd milwyr yn gofalu na ddeuai neb yn agos. Gwelid rhain yn bwrw coelbren am ddillad Iesu.

Yr oedd eraill yno fel o'r blaen, rhai a fu'n gwrando geiriau Iesu yn ystod ei weinidogaeth, a rhai a fu'n ei wrthwynebu. Yr oedd Jwdas, y disgybl a fradychodd ei Feistr yno yn rhywle. Gwelodd yr arian yn ei law a thaflodd hwynt wrth draed y rhai oedd yn ceisio dal yr Iesu. Sylweddolai y cam mawr a wnaeth â'r Arglwydd Iesu. Gydag euogrwydd cydwybod bu farw Jwdas.

Yn agos safai teulu Iesu, sef ei fam a'r ffyddloniaid. Mae'n debyg mai un disgybl yn unig oedd yno, a hwnnw oedd Ioan a safai yn cysuro Mair, mam Iesu.

Gwaeddodd rhai ar Iesu: *"Onid ti yw'r Meseia? Achub dy hun a ninnau."* (Luc 23.39). Dywedodd eraill, *"Yn wir yr oedd hwn yn ŵr cyfiawn."* (Luc 23.47).

Llefarodd Iesu saith o ymadroddion o'r Groes. Priodol yn y fan hon yw cyfeirio at ei eiriau olaf.

"Llefodd Iesu â llef uchel, 'O Dad, i'th ddwylo di yr wyf yn cyflwyno fy ysbryd." (Luc 23.46). Onid yw'r geiriau hyn yn rhai cwbl naturiol a hollol ddealladwy? I bwy arall y cyflwynai ei ysbryd? Ai dyma fydd ein geiriau olaf ninnau? Hunodd Iesu yn y goleuni; ac fe ddeffrôdd yn y goleuni ar fore'r trydydd dydd.

Wedi marwolaeth Iesu, daeth gŵr o'r enw Joseff o Arimathea, aelod o'r Sanhedrin, a gofynnodd i Pilat am gorff Iesu i'w gladdu. Synnodd Pilat braidd wrth glywed fod Iesu eisoes wedi marw. Fel arfer cymerai oriau lawer i droseddwr farw ar groes, ond cyfnod byr y bu Iesu'n dioddef yno. Cafodd Joseff ganiatâd Pilat i gladdu corff Iesu.

Math o groesau a ddefnyddiwyd. Yn aml, dim ond y trawst a gariwyd.

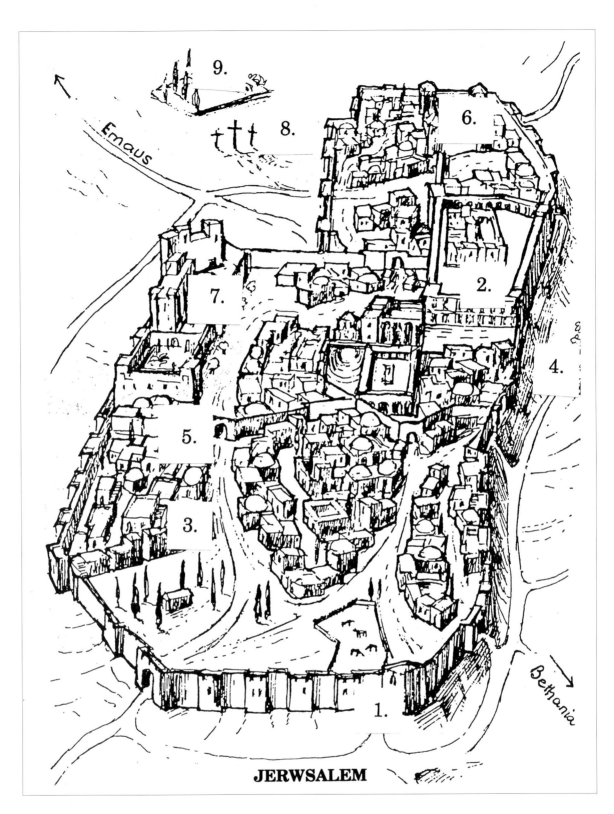

JERWSALEM

1. Porth Jerwsalem
2. Y Deml
3. Yr Oruwch-Ystafell
4. Mynydd yr Olewydd

5. Palas yr Archoffeiriad
6. Caer Antonia – Cartref Pilat
7. Palas Herod
8. Golgotha
9. Bedd Iesu

Daeth Nicodemus, un arall o'r Sanhedrin a wrthwynebodd farwolaeth Iesu, a chynorthwyo Joseff i gladdu Iesu. Claddwyd ef mewn bedd yn y graig, a gosodwyd carreg fawr dros y mynediad. Yno, yn edrych ar y gladdedigaeth syml oedd Mair Magdalen a Mair, mam Iesu.

Yn y cyfamser, tu mewn i ddinas Jerwsalem yr oedd miloedd o bobl yn brysur yn paratoi'r Pasg, y mwyafrif ohonynt heb sylweddoli'r hyn a ddigwyddodd tu allan i byrth y dref. Nid oedd ffyddloniaid Iesu Grist yn awyddus i gadw'r Ŵyl gan eu bod wedi tristáu yn fawr am farwolaeth eu cyfaill mwyaf, Iesu Grist.

Y Bachgen Iesu

Fe'i ganed Ef ym Methlehem
Chwaraeai'n blentyn bach
Ar gul heolydd Nasareth
A charai'i bröydd iach.

Fe'm ganed i yng Nghymru fwyn
Ac annwyl gennyf yw
Fy ngwlad a'm bro, cans yno mae
Fy ngheraint hoff yn byw.

Fe rown fy mywyd dros y rhain,
Ysgatfydd yn ddi-oed;
Ond trengodd Hwn, o'i fodd, dros rai
Nas gwelodd Ef erioed.

Ond tybiaf Iddo weld, wrth gau
Ei lygaid ar y groes,
Hen bentref annwyl Nasareth
A bröydd bore'i oes.

I. D. Hooson *(Efelychiad)*

Yr Atgyfodiad

Ar y trydydd dydd wedi'r croeshoelio yr oedd pawb yn Jerwsalem yn gorffwys wedi'r Ŵyl.

Aeth Mair Magdalen, Mair mam Iesu, Mair mam Iago a Salome i Golgotha lle claddwyd Iesu. Yr oeddynt eisoes wedi prynu peraroglau i eneinio corff Iesu. Felly oedd yr arferiad yn y wlad honno. Gwneir hyn o hyd yn rhai o wledydd y byd.

Wrth iddynt gerdded i gyfeiriad y bedd, siaradent â'i gilydd am y broblem o symud y garreg fawr oedd yn gorchuddio mynediad y bedd.

Erbyn iddynt gyrraedd y fan lle y dodasid corff Iesu, yr oedd y dydd yn gwawrio, ac yng ngoleuni cynnar yr haul, cawsant fraw mawr pan welsant fod y garreg fawr wedi ei symud. Wrth iddynt syllu i mewn i'r bedd a'i weld yn wag, gwelsant ddyn ifanc.

"Peidiwch chwi ag ofni," meddai. *"Gwn mai ceisio Iesu, a groeshoeliwyd, yr ydych. Nid yw ef yma, oherwydd y mae wedi ei gyfodi, fel y dywedodd y byddai; dewch i weld y man lle y bu'n gorwedd. Ac yna ewch ar frys i ddweud wrth ei ddisgyblion."* (Mathew 27.5-7).

Yr oedd y disgyblion yn Jerwsalem, fel pe baent ar wasgar heb y Meistr Mawr i'w harwain bellach. Daeth Mair Magdalen a'u hysbysu am yr hyn a welodd. Aeth Simon Pedr ac Ioan i weld drostynt eu hunain. Yn wir yr oedd y bedd yn wag. Dychwelasant i'r ddinas heb wybod beth i'w gredu.

Arhosodd Mair yn yr ardd, a gwelodd ddyn yno. Garddwr, fel y tybiai. Gofynnodd hwnnw iddi paham yr wylai. Atebodd hithau, *"Os mai ti, syr, a'i cymerodd ef, dywed wrthyf lle y rhoddaist ef i orwedd, ac fe'i cymeraf fi ef i'm gofal."* (Ioan 20.15).

Maen i gau'r bedd.

Myfyrdod

Yna, clywodd Mair y llais digamsyniol yn llefaru yr un gair hwnnw – "Mair" – y llais fyddai'n aros yn ei chof a'i chalon am byth.

Rhedodd Mair yn ôl i'r ddinas gan hysbysu'r disgyblion iddi weld yr Arglwydd Iesu.

Roedd tystiolaeth Mair, ac ymddangosiadau eraill Crist yn ddigon. Dychwelwn ninnau am foment i ardd arall, sef Gardd Eden, ac at yr Adda cyntaf, ac Efa, ei wraig. Cofir i bob peth gael ei ddarparu ar eu cyfer. Gallent gymryd o unrhyw beth yn yr ardd; ie, unrhyw beth ond yr un peth gwaharddedig! Ond, yn eu tyb hwy, nid digon y ddarpariaeth hael heb gael meddiannu'r gwaharddedig yn ogystal! Cyn cymryd o hwnnw fe allwn eu dychmygu'n rhesymu'n gwbl hunanol: 'Ni, a ni yn unig a ŵyr orau. Ein hagenda ni sy'n bwysig!'

Fe'n hatgofir o un o ganeuon Frank Sinatra: *'I'll do it my way'*! Ie, fy ewyllys i a wneler. Dyna'r drychineb fawr ac achos pob cwymp, wrth gwrs. Oni fyddai'r disgyblion hwythau, wedi dal ar yr un trywydd myfiol, oni bai am dystiolaeth Mair ac ymddangosiadau'r Iesu byw? Bellach ni allent wadu.

*   *   *

Ar y diwrnod hwnnw cerddai dau o'r disgyblion ar y ffordd i Emaus, a oedd tua saith milltir o Jerwsalem. Ar y ffordd ni allent feddwl am ddim byd ond am ddigwyddiadau'r wythnos a aeth heibio. Tra'n cerdded, ymunodd rhyw ddyn ifanc â hwy a gofynnodd iddynt am eu helynt.

Dywedasant wrtho am Iesu o Nasareth a'i groeshoeliad, a'r newyddion fod Iesu wedi atgyfodi. Dywedodd y ddau wrtho ei bod hi'n anodd credu hyn.

Erbyn hyn yr oedd yn dechrau nosi a daethant i bentref bychan. Yr oedd y gŵr ifanc am eu gadael, ond cafodd wahoddiad gan y ddau ddisgybl i aros gan ei bod yn nosi. Aeth y cwmni i ystafell fechan ac eistedd wrth y bwrdd.

Cymerodd y gŵr ifanc fara, ac wedi gweddïo rhannodd y bara rhyngddynt. Ar y foment honno agorodd y disgyblion eu llygaid mewn syndod wrth adnabod llais Iesu. Dychwelodd y ddau i Jerwsalem yn llawen eu calonnau.

Wedi cyrraedd y ddinas, aethant i'r man cyfarfod yn ôl eu harfer. Gofynnodd y disgyblion eraill a oedd y newyddion yn wir – fod rhai wedi gweld Iesu? Adroddodd y ddau ddisgybl eu profiad ar y ffordd i Emaus. Yn sydyn daeth Iesu a sefyll yn eu plith. Trôdd atynt a meddai, *"Tangnefedd i chwi."* (Ioan 20.19). Ni allent gredu fod Iesu gyda hwy eto, nes iddo ddangos iddynt ei glwyfau.

Oedfa Gymun

Ar dy wahoddiad, Arglwydd Mawr
Y deuwn at dy Fwrdd yn awr,
Tydi sydd yn arlwyo'r wledd –
O dyro inni ddawn dy hedd.

Wrth rannu'r bara, cymorth ni
I gofio'n ddwys am d'aberth Di,
Tro'r dafnau gwin yn fodd coffáu
Am rin dy archoll i'n hiacháu.

Mewn gostyngeiddrwydd, rhown ein cri
Am falm dy ras achubol Di,
O'th glwyfau tarddodd ffrydiau cân,
A'r grym a grea'r galon lân.

Yng ngolau'r Bwrdd, dymunwn gael
Cyffyrddiad llaw'r Arlwywr hael,
Y llaw a hoeliwyd i'n bywhau,
A'r llaw y methodd angau'i chau.

'Rôl darfod Swper, cadw ni
Rhag cilio o'th wasanaeth Di,
Dy gwmni rho i ni'n barhaus –
Ymdeithydd diddan ffordd Emaus.

T. Elfyn Jones

Yr oedd Thomas yn absennol o'r cwmni y noson honno. Cafodd glywed gan y lleill am bresenoldeb Iesu. Ond ni chredai Thomas . . . *"Os na welaf ôl yr hoelion yn ei ddwylo, a rhoi fy mys yn ôl yr hoelion, a'm llaw yn ei ystlys, ni chredaf fi byth,"* meddai (Ioan 20.25).

Rhyw wyth niwrnod wedi hyn yr oedd Thomas gyda'r disgyblion. Daeth Iesu atynt a meddai wrth Thomas. *"Estyn dy fys yma. Edrych ar fy nwylo. Estyn dy law a'i rhoi yn fy ystlys. A phaid a bod yn anghredadun, bydd yn gredadun."* (Ioan 20.27). Thomas a drôdd at Iesu ac a ddywedodd, *"Fy Arglwydd a'm Duw."* (Ioan 20.28).

Credodd Thomas am iddo weld drosto'i hunan. Cred miloedd ar filoedd o bobl yn Iesu Grist, er na welsant Ef erioed.

Dychwelyd i Galilea

Wedi'r holl ddigwyddiadau hyn dychwelodd y disgyblion gartref i Galilea. Daeth teimlad rhyfedd iddynt yno wrth weld yr hen longau a'r rhwydau yn sefyll yn segur. Meddylient am ail-ddechrau ar eu gwaith fel pysgotwyr.

Rhyw noson, â Môr Galilea yn dawel ac esmwyth, aeth nifer o'r disgyblion i'r llong gan hwylio allan ychydig i'r môr. Ni chawsant lwyddiant o gwbl. Dychwelasant â'r rhwyd yn wag. Yr oeddynt wedi anghofio'r ffordd i bysgota.

Wrth syllu tua'r lan gwelsant rywun yn cerdded yn ymyl y dŵr. Gofynnodd iddynt sut hwyl a gawsant. *"Does gennych ddim pysgod, fechgyn?"* (Ioan 21.5). *"Nac oes,"* (Ioan 21.5) atebasant ef. Meddai yntau wrthynt, *"Bwriwch y rhwyd i'r ochr dde i'r cwch, ac fe gewch helfa."* (Ioan 21.6). Gwnaethant fel y dywedodd. D'oedd dim i'w golli beth bynnag. Ymhen ychydig amser yr oedd y rhwyd yn orlawn o bysgod.

Syllodd Ioan tua'r lan ac ar y dyn dieithr hwn. *"Yr Arglwydd yw,"* (Ioan 21.7) meddai. Tynnwyd y llong tua'r lan, ac ar lan Môr Galilea cawsant frecwast yng nghwmni Iesu.

Myfyrdod

Yn y bore ar y lan trôdd brecwast yn gymundeb newydd â Iesu. Fe gofient am byth ei wahoddiad: *"Dewch, cymerwch frecwast."* (Ioan 21.12). Cofient hefyd ymadroddion yr oruwch-ystafell: *"Mi af o'ch blaen chwi i Galilea."* (Mathew 26.32).

Bwriad gwreiddiol y disgyblion oedd dychwelyd i Galilea a gwahanu, a mynd bob un i'w ffordd ei hun. Ond nid felly y bu. Yn dilyn ei atgyfodi roedd Iesu yno i'w cyfannu, i'w clymu eto'n frawdoliaeth glòs. Roedd Iesu yno o'u blaenau, i ddyfnhau eu hargyhoeddiad. Onid oes angen gwneud hyn o hyd, gwasgu'r hâd da yn ddyfnach i'r ddaear. Roedd mynd yn ôl i Galilea, cael Iesu yno, yn ddigon i'w hargyhoeddi. Onid hanfod ein crefydd i'r dyfodol fydd Person byw yr Arglwydd Iesu yn ei chanol? Roedd Iesu yno i dynhau'r berthynas, y berthynas rhyngddynt â'i gilydd, a'r berthynas rhyngddynt ag Ef. Onid dyma un o anghenion mawr yr Eglwys heddi? Onid un o'r ffactorau mwyaf sy'n cyfrif am y trai ar grefydd a'r lleihad mewn mynychu oedfa yw fod y berthynas, nid wedi tynhau, ond wedi gwanhau? Roedd Iesu yno i'w sbarduno i ail-afael yn y gwaith.

Gwyddai Iesu i'r disgyblion golli gafael. Nawr, roedd angen iddynt ail-afael. Mwy na hynny, cofient ei eiriau: 'Portha!'; 'Bugeilia!'; 'Ewch!'; 'Pregethwch!' – berfau, oedd y rhain. Fel canlyniad, eu haddewid i'w Meistr o hyn ymlaen fyddai: *'We'll do it your way'*! Ie: *'Dy ewyllys di a wneler.'* Yn ddiamau, yn yr argyfwng sydd ohoni yng Nghymru'r dwthwn hwn, dyma neges olau i ni fel aelodau o'i Eglwys ei dysgu.

* * *

"Mae yna ormod o Gristnogion ffurfiol, confensiynol, Laodiceaidd, sydd wedi cau'r drws yn erbyn yr Aflonyddwr rhyfedd hwnnw, yr un Atgyfod-edig a fyn gynnig inni y pethau nid ydynt, sydd yn diddymu'r pethau sydd."

Y Pethau Nid Ydynt (1 Cor. 1.28).

(Anerchiad y Llywydd, Pennar Davies, Cyfarfodydd Blynyddol Undeb yr Annibynwyr Cymraeg, Mehefin 1973)

Myfyrdod

Paham cyfeirio at Eglwys Laodicea? Dyma un o saith o eglwysi yn Asia – talaith Rufeinig (gorllewin Twrci). Cyfeirir at y saith yn Llyfr Y Datguddiad lle ceir y Weledigaeth o Grist. Caiff Ioan ei hun ar ynys a elwir Patmos.

"Ysgrifenna mewn llyfr yr hyn a weli, ac anfon at y saith eglwys – i Effesus, i Smyrna, i Bergamus, i Thyatira, i Sardis, i Philadelphia, ac i Laodicea." (Dat.1.11).

Roedd Laodicea yn ddinas hynod o lwyddiannus yn fasnachol, ond, o ran yr eglwys yno, dyma'r waethaf ei chyflwr o'r saith uchod. Roedd gan y ddinas gymaint i'w gynnig, a chymaint hefyd i'w chymeradwyo – fel, er enghraifft, y diwydiant gwlân du a'r banciau. Sianelwyd dŵr claear i ganol y ddinas hon, ond, gwaetha'r modd, roedd yr eglwys hithau'n glaear, fel y dŵr hwnnw!

A yw hyn yn ddarlun cymwys o'n heglwysi ninnau yn yr unfed ganrif ar hugain?

Cofiodd rhai o'r disgyblion y cyfnod hwnnw cyn iddynt gyfarfod â Iesu erioed, ond yn arbennig, y man cysegredig hwnnw lle cawsant y gwahoddiad i'w ganlyn. Dyna falch oeddynt iddynt adael eu gwaith a'u galwedigaeth a chanlyn y Dyn Mawr hwn a fu'n Gyfaill gorau bywyd iddynt.

Geiriau olaf Iesu Grist i'w ddisgyblion oedd:

"Wele yr ydwyf fi gyda chwi bob amser hyd ddiwedd y byd." (Mathew 28.20).

Salm Y Gwanwyn

Ein Tad, Arglwydd y Gwanwyn,
Molwn dy enw glân,
Gwisgaist â hawddgarwch
Y llwyni noethion,
Gweddnewidiaist â ffresni
Y coedwigoedd llwm.

Y nentydd a ganant drachefn
Eu gwaredigol gân
Wedi hualau oerni'r rhew
Dy ogoniant a welsom
Yn lliwiau Briallu'r cwm,
Dy burdeb,
Dy sanctaidd burdeb
Yng ngostyngeiddrwydd
Dy Eirlysiau fyrdd.

Ŵyn y doldir a branciant
Yn oriau eu boreau gwiw
A'r Wennol o'i phellterau
A ddychwel i'w nythle glyd,
A daw'r Gog, y Fwyalchen a'r Eurbinc
I fro mwynder y Gân.

O! Dad pob Gwanwyn daear,
Tyrd eto â'r Gwanwyn i ninnau,
A fo'n ffresni i enaid ac ysbryd,
A balm i'n byd,
Rho i ni Wanwyn o ddeall –
Gwanwyn o impiad yr Ysbryd,
A'r atgyfodedig wefr
A'n cyfyd o'n llwch.

Deued eto yn ôl i byrth Seion
Dy wynion wenoliaid –
Ffydd, Gobaith a Chariad
A fu'n harddwch bro,
Ac yn enw Caersalem, O! Arglwydd
Rho i ni Wanwyn a'n cyfyd,
A'n cyfyd o'n marwol lwch
I allorau'r Pasg.

Anhysbys

Pennod 14

Mawredd Iesu Grist

Er mai deuddeg disgybl a alwodd yr Arglwydd Iesu i'w ganlyn yn ystod ei weinidogaeth, rhaid inni beidio â chredu mai deuddeg o ddilynwyr oedd ganddo. Erbyn heddiw mae ganddo filoedd o ddisgyblion dros y byd i gyd.

Daeth cyfeillion a chredinwyr lawer o Galilea i gyfarfod ag Ef. Bu'r rhain yn gyfeillion mynwesol pan oedd Iesu gyda hwy. Yn awr, wedi dyddiau Iesu, yr oeddynt yr un mor agos i'w gilydd.

Daeth ei ddisgyblion yn arweinwyr yn yr Eglwys Gristnogol. Mae eu hanesion, eu teithiau a'u dylanwad i'w gweld yn Llyfr yr Actau. Mathias a ddewiswyd gan yr un ar ddeg i gymryd lle Jwdas Iscariot yn ôl Actau 1.15-26. Gŵyr nifer ohonom am ddisgyblion eraill a dreuliodd eu bywydau'n gyfan i argyhoeddi eraill o fawredd Iesu Grist, ac mai ei ffordd Ef o fyw yw'r unig ffordd i sicrhau llwyddiant a llewyrch bywyd.

Myfyrdod

Wedi profiadau'r Trydydd Dydd, yr ymddangosiadau a'r cwrdd yn ôl yng Ngalilea, yr oedd eu llwybr, bellach, yn gwbl glir. Cafodd y Crist byw afael arnynt. Gallent felly gerdded yn hyderus heibio i'r Groes, heibio i'r bedd gwag, a heibio i'r Atgyfodiad, gyda'u hwynebau'n hyderus tua'r Pentecost.

Y mae Efengyl a dylanwad y Dyn o Nasareth wedi lledu dros y byd i gyd. Dylanwadodd ar ddynion mwya'r byd, a hynny wedi ei ddyddiau Ef ar y ddaear. Bu rhai dynion amlwg yn erlid y Cristnogion cynnar, ond wedi gweld gogoniant bywyd Iesu Grist, newidiwyd eu bywyd, a daethant yn wasanaethwyr i'r Arglwydd Iesu. Un o'r dynion hyn oedd yr Apostol Paul.

Mae dynion mwya'r byd modern yn parhau i weld mawredd Iesu. Mae dynion dros y byd i gyd yn cydnabod mai Ef – y Dyn o Nasareth yw'r mwyaf a welodd y byd erioed.

Ceisia pob Cristion drwy'r byd seilio'i fywyd ar y Dyn hwn. Dyna wnaeth dynion fel Kagawa a Schweitzer a Martin Luther King, gan dynnu sylw pobl ato Ef.

* * *

Wedi gadael yr ysgol a phenderfynu ar alwedigaeth, gall pob un ohonom, hyd eithaf ein talent, wneud i eraill beth wnaeth Iesu i ni.

Ni all yr un ohonom fforddio anwybyddu Iesu Grist, na'r hyn a gynrychiola. Yr unig ffordd y gallwn gyrraedd uchafbwynt ein bywyd, a gadael ein hôl ar y gymdogaeth yr ydym yn rhan ohoni, yw drwy roi sylw i'r hyn a welsom yn Iesu Ei Hun.

Cofiwn mai braint ac anrhydedd fawr yw perthyn i'r Eglwys, ac i gymdeithas Ei bobl.

Unig obaith cenhedloedd y byd yw i blant o bob cenedl fyw yn dda a charu enw Iesu, Cyfaill gorau bywyd.

'Tangnefedd i chwi.'

Y Pasg a'r Pentecost

Fel toriad gwawr, fe ddaethost ti, O! Dduw
Ar fore'r trydydd dydd i'r Ardd at Mair,
A dod o bellter bedd, i fyd y byw
Yn enaid cyfan, hawddgar, cnawd a gair.
O! Arddwr mwyn, Raboni'r gwanwyn hardd
Tyrd eto i mewn, i droi a hau Dy ardd.

Fel sŵn y gwynt, fe ddaeth Dy Ysbryd Glân
Ar Ddydd y Pentecost i'r 'stafell gudd,
A disgyn arnynt fel tafodau tân
I ollwng cwmni ofnus, caeth yn rhydd,
A thrwy Dy Ysbryd, danfon ninnau'n awr
Fel colomennod drwy ffenestri'r wawr.

Anhysbys

Nerthed Duw ni, wedi'r profiadau cyfoethog a fu'n eiddo inni, i gerdded tua ffenestri'r wawr a fydd y torri, nid ar y bore niwlog, nid ar y dydd anelwig, nid ar yr yfory aneglur, ond yn hytrach:

Ar y dydd pan fo awelon Duw
Yn chwythu eto dros ein herwau gwyw,
A'r crindir cras dan ras cawodydd nef
Yn erddi Crist, yn ffrwythlon iddo ef,
A'n heniaith fwyn â gorfoleddus hoen
Yn seinio fry, haeddiannau'r Addfwyn Oen.

Lewis Valentine
(*Caneuon Ffydd*, Rhif 852)

Y Cymun Bendigaid

Bara ein bywyd ar bren a roddwyd,
Gwin ar y Groes a roes heb drai;
O'i enau'r geiriau byw (a) adroddwyd
Ac yn ei fedd (y) mae bedd ein bai.

Edrych ar boen ein bron sychedig,
Edrych ar ing ein newyn maith,
A rho Dy angau bendigedig
I ni yn wledd ar hyd y daith.

Gwenallt

Dyma, yn gryno, hanes gweinidogaeth Crist. Nid oes yna Iesu arall. Ar hyd y blynyddoedd bu ymgais ymhlith ysgolheigion amheugar i deneuo'r dehongliadau Cristnogol ohono, gan adael yn unig berson cyffredin a dynol; Iesu hanes yn unig. Ond diffrwyth fu pob ymgais o'u heiddo.

Person unigryw yw Iesu. Nid dyn yn unig. Onid cyffes Pedr oedd: *"Ti yw y Crist, mab y Duw byw!"* (Marc 8.29). Ac ar y graig honno, sef y gyffes gadarnhaol yna, yr adeiledir Ei eglwys Ef.

Gadawodd ei neges, ei weithredoedd, a'i berson Ef argraff annileadwy ar bob un a ddaeth i'w adnabod. Beth amdanom ni? Onid yw Crist yn gofyn i ninnau hefyd: *"Pwy meddwch chi, ydwyf fi?"*

Dywedwn ag un llais, un weddi, un meddwl ac un cariad mai teilwng yw'r Oen. Crist yw'r Arglwydd. Ac ar ei ben bo'r Goron.

**"Ac yn awr yr wyf fi gyda chwi
bob amser hyd ddiwedd y byd."**

Daw'r gyfrol hon i'w therfyn gyda geiriau D. Brinley Thomas a chyffes gadarn-haol Huw Ethall . . .

Gweld a Chlywed

1.

A welaist ti'r Baban Iesu
Ym mhreseb yr ych yn y gwair?
A welaist ti'r wên mor dirion
Yn chwarae ar wyneb Mair?
A glywaist ti'r engyl gwynion
Yn canu ar lechwedd y bryn?
A welaist fugeiliaid a doethion
Yn dod at y llety yn syn?
Os gwelaist ti'r rhain,
        fe welaist Dduw
Yn datrys rhwystrau o'r patrwm byw.

2.

A welaist ti'r Bachgen Iesu
Yn troi i weithdy ei dad?
A welaist ti'r werin yn dyfod
I drwsio eu celfi o'r wlad?
A glywaist ti sŵn y morthwyl
Yn torri ar heddwch y dydd?
A welaist ti'r crefftwr yn dysgu
Fod campwaith yn gofyn am ffydd?
Os gwelaist ti'r rhain,
        fe welaist Dduw
Yn dangos trefniant i'r patrwm byw.

3.

A welaist ti'r crefftwr ifanc
Yn gadael y gweithdy a'i gloi?
A welaist ti'r gwron yn edrych ar fyd
Ac yntau heb le i droi?
A glywaist ti sôn am y gwyrthiau
'Gyflawnodd yn dawel di-stŵr?
A welaist ti'r dagrau yn treiddio'i lawr
Tros ruddiau'r gofidus ŵr?
Os gwelaist ti'r rhain, fe welaist Dduw
Yn dilyn rhaglen y patrwm byw.

4.

A welaist brynhawn y Groglith
Y dyrfa yn esgyn o'r dref?
A welaist ti Un yn eu canol
Yn ddistaw heb godi ei lef?
A glywaist ti weddi hwnnw,
Yn daer a maddeugar i gyd?
A welaist ti'r dwylo'n agored
Ac yntau'n cofleidio y byd?
Os gwelaist ti'r rhain,
        fe welaist Dduw
Yn dal i gyhoeddi y patrwm byw.

5.

A welaist ti'r maen yn treiglo
O enau y bedd ar y Pasg?
A welaist ti'r Gŵr fu dan hoelion
Yn ail gymryd at ei dasg?
A glywaist ti am ei gomisiwn
I bregethu'r efengyl i'r byd?
A welaist ti Pedr, drwy'r Ysbryd Glân,
Yn herio'r gelynion i gyd?
Os gwelaist ti'r rhain,
        fe welaist Dduw
A'i drefen ddi-ildio i'r patrwm byw.

6.

A weli di yma heddiw
Ryw fflach o'r gogoniant a fu
A weli di yma oleuni'r wawr
Ai ynteu dywyllwch du?
A glywi di sŵn yr anthem
Yn troi yn gyfaredd a rhin?
A weli di'r Iesu yn dod i'n gŵyl
I fendithio ein hymdrech flin?
Os gweli di'r rhain, fe weli Dduw,
Yn dy ddisgwyl dithau i'r patrwm byw.

D. Brinley Thomas

Hwn

(Mewn ymateb i *Hon*, T. H. Parry-Williams)

Beth yw'r ots gennyf fi am Iesu? Iddew o dras
A dim ond rhyw lencyn o saer. Nid oedd hwn ond gwas

Oedd i ddod yn niwsans o athro yn cerdded gwlad
A pheri cryn boendod wrth sôn yn gyson am Dad.

A phwy oedd y rhai fu'n ei ddilyn, dwedwch i mi,
Pwy ond gwehilion o boblach? Peidiwch, da chwi,

Â chlegar am Broffwyd a Meseia a Rhi o hyd,
Mae digon o'r criw, heb Iesu, i'w cael yn y byd.

'Rwyf wedi alaru ers talm ar glywed grŵn
Y dadlau bondigrybwyll a'r cadw sŵn.

Mi af ar sgowt, i osgoi eu lleferydd a'u cân,
Yn ôl i'r Ysgrythur hardd, â'm chwilfrydedd ar dân.

A dyma fi'n darllen. Diolch am fod dan ras
Ymhell o gyffro geiriau'r crefyddwyr cas.

Dyma sylfaen a nerth, dyma sicrwydd, a thir,
Dyma ffydd a gobaith a chariad; ac ar fy ngwir

Dyma'r un sy'n Geidwad. Ac wele rhwng llawr a ne'
Mae engyl â'u presenoldeb ar hyd y lle.

'Rwy'n dechrau simsanu braidd; ac meddaf i chwi
Mae rhyw ysictod fel petai'n dod drosof fi;

Ac mi deimlaf freichiau yr Iesu a'u gafael yn grwn,
Duw a'm gwaredo, ni allaf ddianc rhag Hwn.

Huw Ethall